Klaas Huizing

Calvin
…und was vom Reformator übrig bleibt

edition chrismon

Klaas Huizing

Calvin
...und was vom Reformator übrig bleibt

edition ❖ chrismon

Für *Bill Watterson,*
den Schöpfer von *Calvin und Hobbes*

Alceste

Fragen Sie mich nicht.
Sie fänden mein Urteil allzu krass.
Denn meine Schwäche besteht darin,
dass ich zu offen spreche.

Molière
Der Menschenfeind

Inhalt

Johannes Calvin (1509–1564)
...und was vom Reformator übrig bleibt

Der Vergessene 10

11 Comic-Charme
14 Gelüftete Erinnerungen
21 „TÜV" für Gegenwartstauglichkeit

Der Streber 24

25 Gesichterlesen
27 Anfänge
35 Der erste Wurf

Der Bekehrte 40

41 Spurensuche
47 Calvins Selbstinterpretation

Der Reformer 54

55 Genf heute und gestern
57 Von Basel über Genf nach Straßburg
65 Zurück in Genf

Der Organisator. 70

71 Krisenmanagement
75 Großkrisen: der Bolsec-Skandal und
   der Servet-Skandal
80 Machtsicherung und Abschied

Der Glaubensarchitekt 86

87 Über die Fettsucht von Büchern
89 Der Grundriss der Institutio
99 Welcher Gott?

Der Advocatus Dei 102

103 Halbbildung
104 Stoa und Vorsehung
108 Calvins Umdeutung
113 Calvin und die Calvinisten

Der Züchtige 116

117 Die Sache mit der Kirchenzucht
119 Der milde König
122 Kirchenleitung als repräsentative Demokratie
124 Der gläserne Gläubige
127 Calvins demokratische Spätwirkung

Der Fruchtbare 130

131 Die Balance von Schriftlehre und Erfahrung
132 Der rechte Calvinismus
137 Der linke Calvinismus
138 Calvin heute
140 Calvin für postsäkulare Zeitgenossen

Klaas Huizing 144

Anhang 146

Der Vergessene

Über protzige Autos, Comics und die
Sündenbank – eine Annäherung

Comic-Charme

Calvin?

Calvin!

Wann genau lebte Calvin? Mittelalter oder zwanzigstes Jahrhundert? Und wer genau war oder ist Calvin eigentlich? Muss man den Menschen Calvin überhaupt kennen?

Wir leben in Zeiten historischer Amnesie. Es fehlt das sichere Geländer memorierter Daten. Calvin? Wahrscheinlich: Fehlanzeige! Einige andere Daten hat man abgespeichert. Etwa: 333. Bei Issos Keilerei. Ich gestehe, ich habe soeben einen flüchtigen Blick ins Internet geworfen, weil ich meiner Erinnerung nicht mehr traute, wer hier gegen wen kriegerisch auffällig wurde. Also: Alexander der Große kämpfte gegen den Perser Dareios III, weil die Perser hundertfünfzig Jahre vorher den Griechen eine empfindliche Niederlage beigebracht hatten. (Offenbar besaß in diesen Jahrhunderten die Rache noch Zeit, sich zu entwickeln. Das stimmt wehmütig.) Das Datum ist durchaus würdig, gespeichert zu werden, markiert dieses Datum doch den Beginn des Hellenismus, die Erinnerung verdankt sich aber dem Charme des Reims. Wer allerdings über diese Eselsbrücke gehen muss, so die kleine Gemeinheit, verharrt deutlich unterhalb der Schwelle des Genies.

Zu Calvin führt nicht einmal eine Eselsbrücke! Eine Mehrzahl der Amerikaner denkt, wie eine neuere Studie belegt hat, bei dem Namen Homer zunächst an die Comicfigur Homer Simpson, ein Mann mit schrägen Talenten, nicht an den abendländischen Erzvater und Sänger unserer Kultur. Auch Calvin (kalwın) wird wahrscheinlich bei vielen Zeitgenossen allenfalls über Umwege erinnert. Wer heute den Namen Calvin fallenlässt, muss damit rechnen, spontan verbessert zu werden. Das englischsprachige Calvin (sprich: kælwɪn) ist vertraut. Der Vorname hat auch bei uns Konjunktur. Und dann gibt's natürlich noch den trendigen Modemacher Calvin Klein, berühmt für aufregende Dessous, hautenge Jeans und Anzüge mit einer dezidiert homoerotischen Ausstrahlung. Nicht unwahrscheinlich, dass viele Leser mit dem Namen Calvin zunächst dieses Label erinnern. Es würde immerhin guten Geschmack verraten.

Einfacher gelingt der Zugang über *Calvin und Hobbes*, ein Comic von Bill Watterson, erschienen auf Deutsch im Carlsen-Verlag. Namensgeber sind in der Tat *Johannes Calvin* und *Thomas Hobbes*. Calvin ist ein sechsjähriger Junge, der in einem dieser langweiligen Vororte einer gesichtslosen amerikanischen Großstadt lebt. Hobbes ist Calvins Stofftiger, der im Umgang mit ihm lebendig wird und immer Lust verspürt, rasante Abenteuer zu erleben. Calvin und Hobbes – das ist Comicgenuss auf höchstem Niveau.

Wikipedia, das Online-Lexikon mit nahezu seriösem Breitbandwissen, nennt wichtige Fakten:

- „Calvin muss sich immer wieder mit dem Schulschläger Moe auseinandersetzen und wird dadurch des Öfteren vermöbelt.
- Seine Lehrerin Fräulein Wurmholz ist die große Gegnerin Calvins. Sie raucht wegen ihm zwei Päckchen Zigaretten am Tag, und Calvin ist sich nicht sicher, ob ihr Arzt weiß, dass sie so viele verschiedene Tabletten gleichzeitig schluckt.
- Calvin und Hobbes haben ihren eigenen Club, genannt E. M. S. V. (‚Eklige Mädchen sollen verduften‘), im englischen Original ‚G. R. O. S. S.‘ (‚Get Rid Of Slimy GirlS‘), die Tagungen finden jeweils im Baumhaus statt.
- Calvin und Hobbes halten nicht allzu viel von gesunder Ernährung. Hobbes liebt Thunfisch-Sandwiches, Calvin bevorzugt seine Schoko-Bomben (‚Chocolate frosted sugarbombs‘) zum Frühstück.
- Calvin wird des Öfteren von Gegenständen angegriffen, z. B. Mathebüchern, Spinat und seinem Fahrrad. Grundsätzlich sind es Dinge, die Calvin nicht mag.

- Calvins Vater arbeitet in einem Hochhausbüro in der Stadt, privat ist er begeisterter Fahrradfahrer und liebt das Zelten und Fischen, sehr zum Leidwesen von Calvin, der sich dabei langweilt. Calvins Vater erklärt ihm auch gerne die großen wissenschaftlichen Zusammenhänge unserer Welt. (Explodiert der Kopf, wenn man sich beim Niesen den Mund zuhält?)
- Calvins erklärter Feind (zumeist in Schneeballschlachten) ist das Nachbarmädchen Susi Derkins.
- Calvin und Hobbes sind erfinderisch sehr begabt. Zu erwähnen sind vor allem die Zeitmaschine, der ‚Duplikator‘ sowie der ‚Zellumwandler‘.
- Legendär sind Calvins und Hobbes‘ Fahrten mit dem Schlitten und dem ‚Radio Flyer‘. Sie pflegen dabei über die steilsten Hänge und gefährlichsten Schluchten zu fahren und führen nebenbei interessante philosophische Gespräche.
- Calvin interessiert sich brennend für prähistorische Tiere, vor allem Dinosaurier.“

Beinahe zum Bildungskanon gehören folgende Zitate:

Calvin: „Manchmal glaube ich, der beste Beweis dafür, dass es anderswo im Weltall intelligentes Leben gibt, ist der, dass noch niemand versucht hat, Kontakt mit uns aufzunehmen.“

Calvin: „Die Leute glauben, dass es toll sein muss, ein Genie zu sein, aber sie kapieren einfach nicht, wie hart es ist, sich mit den ganzen Idioten auf der Welt herumschlagen zu müssen.“

Calvin: „Weißt du, Hobbes, an manchen Tagen helfen nicht mal meine Glücksraumschiffunterhosen.“

Calvin: „Ich bin nicht dumm. Ich verfüge nur über jede Menge unverwertbarer Informationen.“

Hobbes: „Ich glaube, wir träumen, damit wir nicht so lange getrennt sind. Wenn wir voneinander träumen, können wir die ganze Nacht zusammen spielen.“

Calvin: „Es ist schwer, fromm zu sein, wenn auf gewisse Menschen nie ein Blitzstrahl niedersaust.“

Und wunderbar leichtfüßig kommt in diesem Comic immer wieder die Rede auf die Religion. Ohne vor sperrigen Themen

haltzumachen. Das geht oft in einer einzigen Bildsequenz. Etwa der Comic über die Auferstehung.

Dieser Comic-Calvin ist gleichermaßen calvinistisch, komisch und im besten Sinne witzig.

Gelüftete Erinnerungen

Ich bin in einer bevorzugten Position. Ich bin gelernter holländischer Calvinist, ich benötige keine Umwege, ich muss allenfalls meine Erinnerungen lüften. Sie beziehen sich zunächst selbstredend auf die sehr langen Predigten, die durch das Kreisen von hosenwarmen Pfefferminzrollen aufgelockert wurden. (Es gehört zu den bisher unaufgeklärten Rätseln unserer Zivilisation, warum in den Kirchen Pfefferminz gelutscht wird und im Flugzeug alle Menschen dickflüssigen Tomatensaft mit Pfeffer trinken.) Danach verhakt sich das Gedächtnis an den Bildern eines Autosalons vor den Kirchentüren. Mein Vater, der sonntags im Gottesdienst mit scheinbarer Mühelosigkeit die Orgel spielte, werktags seine Firma leitete, fuhr einen Volvo 164, blaumetallic, aus dickem Schwedenstahl gefertigt, der hohe Kühler nicht zufällig an einen Rolls-Royce erinnernd. Mein Vater war der Erste, der im Landkreis diesen Wagen fuhr, nach seiner Autokarriere über Volkswagen, Fiat (Fiatfahrer grüßen sich, so hieß die Werbung) und BMW. Der Mercedes war für die Großbauern der Region reserviert. Samstagmittags ließ mein Vater den Wagen waschen, monatlich polieren. Vor den Kirchenportalen buhlte dieser Wagen mit anderen Marken, höheren Mittelklasse-wagen und Premiummodellen, um die Aufmerksamkeit. An keinem anderen Ort der Stadt traf man auf eine vergleich-bare Ansammlung protziger Autos wie vor der calvinisti-schen Kirche. Ja. Es waren protzige Autos, aber alle fuhren diese Autos mit schlechtem Gewissen. Nach dem Gottesdienst und dem obligatorischen Schwätzchen schlichen die Besitzer ohne Besitzerstolz zu ihren Autos und fuhren bedächtig – nie forsch – nach Hause. Ich habe selten zwei Männer über ihre Autos gebeugt fachsimpeln hören. Kaufte mein Vater sich ei-nen neuen Wagen, ging er wochenlang zu Fuß zur Kirche, erst dann lenkte er nahezu demütig seinen neuen Wagen auf den Parkplatz. Der Wagen war dann nicht mehr ganz neu! Angeberei? Wirklich nicht.

Ich habe meinen Vater nie gefragt, warum er sich Autos kaufte, für die er sich auch ein wenig schämte. Er lenkte den Wagen mit eingezogenem Kopf. Wie alle Calvinisten bildete er mit dieser Kopfhaltung ein Sicherheitsrisiko im Straßen-verkehr. Sehr viel später habe ich verstanden, was der Hinter-grund dieses seltsamen, anti-aristokratischen Verhaltens war. Es ging um Angst. Größtmögliche Angst. Es ging um ewige Verdammnis. Was für die religiös eher entfremdeten Gesell-schaftsschichten der Psychiater, war für die Calvinisten der Autohändler!

Dicke Autos verschafften eine kleine Verschnaufpause, viel-leicht sogar himmlische Ruhe. Wer sich dicke Autos leisten konnte, durfte davon ausgehen, dass Gott ihn erwählt und nicht verworfen hatte. (Ob Kredite die subjektive Gewissheit einschränkten, vermag ich nicht zu entscheiden.)

Bis heute hat mich diese horrible Gedankenfigur des Jo-hannes Calvin beschäftigt, die sogenannte Lehre von der *Dop-pelten Prädestination.* Diese Lehre besagt, Gott habe Menschen erwählt: Konsequenz seiner Güte, und Menschen verworfen: Konsequenz seiner Gerechtigkeit. Dieser zweite Beschluss ist ein Beschluss, der, wie es heißt, Menschen „in Angst versetzen muss". Calvin nennt es ein *Decretum horribile!* In der Tat. Das Wort trifft den Sachverhalt sehr genau.

Mit dieser Angst umzugehen, ist alles andere als einfach. Krampfhaft such(t)en Anhänger dieser Religion, also Calvinisten, nach Anzeichen, ob sie zu den Auserwählten oder Verworfenen gehör(t)en. Große Autos können dann ein Zeichen sein, wenn sie mit der nötigen Demut gefahren werden.

Und die Frauen?

Es ist beinahe banal, aber die Frauen trugen (und tragen) teure Marken, immer dezent, aber doch sichtbar teuer. Komplimente werden allenfalls angedeutet. Mehr nicht. Und auch die Häuser haben gediegene, Ikea-resistente Atmosphären.

Dient also der Erfolg der Stärkung der Heilsgewissheit? Sind dicke Autos Zeichen des Gnadenstandes? Dieser *Syllogismus practicus* geht allerdings, es gehört zur Fairness, das sofort zu ergänzen, nicht auf Calvin selbst zurück. Für Calvin, das sagt er in seinem Hauptwerk, der *Institutio christianae religionis* (zu Deutsch: Unterricht in der christlichen Religion), unmissverständlich, ist nur der feste Glaube Zeichen der Erwählung[1]. Erfolg und gute Werke sind für Calvin kein Erkenntnisgrund des eigenen Heils, weil auch die Erkenntnis, zu den Erwählten zu zählen, ein Geschenk der Gnade ist. Erst spätere Generationen deuteten auch den Wohlstand als Erkenntnisgrund, von Gott nicht verworfen zu sein. Man muss also sehr genau zwischen Calvin und Calvinismus unterscheiden.

Max Weber, der große deutsche Soziologe, hat nicht zufällig den Calvinismus als Motor des Kapitalismus ausgemacht. Der sprichwörtliche Fleiß der Calvinisten, die sparten, um sich künftig Haus und Autos leisten zu können, beförderten die Akkumulation von Kapital. Angetrieben wurde der Fleiß aber durch die Angst. Angst, religiöse Angst, gemischt mit Hoffnung, war also das Schmierfett des Kapitalismus. In einer gewissen Abschwächung und Brechung – gelegentlich auch Umkehrung – hat sich diese Mentalität erhalten, und auch wenn die Triebkräfte dieses Verhaltens heute oft verdunkelt sind, die verhaltensgenetischen Codes funktionieren noch bestens. Und deshalb ist Calvin kein Mann der Vergangenheit, zumindest unterschwellig ist er und der von ihm ausgehende Calvinismus in unserer westlichen Gesellschaft extrem präsent.

Gibt es noch andere Einflüsse? In meiner Gehirnkammer sind noch weitere Erfahrungen gespeichert, die Nachwirkungen zeigten: die Sonntagsheiligung, die Kirchenzucht und das Bilderverbot.

Ich habe als Jugendlicher irgendwann die sedierten Sonntage gehasst, weil die Rhythmik zweier Gottesdienste um 10 Uhr und um 14 Uhr die Freizeitplanung stark einschränkte – sofern man von Freizeitplanung wegen des strengen Gebots der Sonntagsheiligung überhaupt sprechen konnte. Ein Besuch von Lokalen, der Besuch des Freibades und der Besuch von Sportveranstaltungen waren verboten. Für meine Großmutter war auch das Kartenspiel ein Teufelsgebetbuch. Meine Karriere als Handballtorwart, die ich sehr fanatisch verfolgt habe, fand ein jähes Ende, als die Spiele in der A-Jugend an Sonntagen stattfanden. Mein Vater, in vieler Hinsicht ein Antibild zum autoritären Gott-Vater Calvins, teilte mir mit roten Ohren und schwitzenden Händen mit, dass ich den Sonntagssport nicht ausüben könne, weil der Kirchenrat beschlossen habe, Jugendlichen, die am Sonntag Sport trieben, die Konfirmation (bei uns nannte man es: das Ablegen des Glaubensbekenntnisses, es fand mit 18 Jahren statt) zu verweigern. Man hatte, wie ich wusste, bereits ein Exempel statuiert und einen eleganten, hochbegabten Fußballer, der sich dem Willen des Kirchenrates nicht gebeugt hatte, von der Konfirmation ausgeschlossen. Allerdings: Die Feier zur Konfirmation fiel eher reduziert aus und man erhielt natürlich mit Ausnahme der Bibel keine Geschenke. Und der Anzugzwang war im Holozän der Spätpubertät ein Graus. Vom erwarteten Pflichtbesuch beim Friseur, der mir übrigens mütterlicherseits erlassen wurde, ganz zu schweigen. Ich habe meine Knieschützer in der Tat an den Nagel gehängt. Ein Akt äußerlicher Barbarei für eine inwendige Bildung. Die guten Reflexe sind mir geblieben.

Und: Ich gehe heute mit gutem Gewissen an Sonntagen in Lokale oder ins Kino oder ins Theater. Aber die Entängstigung war ein sehr langer Prozess, wahrscheinlich ein unvollendetes Projekt. Und trotzdem: Gegen die immer stärker um sich greifende Ökonomisierung des Sonntags bin ich inzwischen wieder ein gemäßigter Anhänger der Sonntagsruhe.

Bei groben Verstößen im alltäglichen Lebenswandel konnte der Kirchenrat sich ebenfalls dazu entschließen, sehr grob einzugreifen. Ich erinnere mich an einen Fall, dass einer Frau aus unserer unmittelbaren Nachbarschaft vom Kirchenrat die Teilnahme am Abendmahl verboten wurde, weil man sie des Ehebruchs bezichtigte. In meiner Erinnerung war diese Frau die einzige Frau, die auf uns Jugendliche faszinierend und lebendig wirkte. Sie trug Schuhe mit Absätzen, die sie, wie alle Gemeindemitglieder meinten, allzu sehr selbst erhöhten. Der Skandal war natürlich übermächtig. Stigmatisiert wurden auch ihr Ehemann und ihre Söhne. Die ganze Geschichte endete in einem ziemlichen Fiasko. Der Mann starb sehr früh an Krebs, die Kinder flohen in alle Himmelsrichtungen.

Diese Geschichte spielte in den Siebzigern – also nach 68! Erst in den späten Fünfzigern war das „Strafbänkchen" abgeschafft worden. Auf das Strafbänkchen – im Eishockey hat es überlebt! – wurde verbannt, wer Sex vor der Ehe hatte, mit unübersehbaren Folgen. Die Braut durfte dann auch kein jungfräuliches Weiß tragen, sondern wurde gezwungen, sich in demütiges Schwarz zu hüllen. Selbstredend drückte diese Situation auf die Stimmung während des Traugottesdienstes. Die Predigt verkam zur Mahnrede. Auf der Strafbank musste man übrigens so lange ausharren, bis ein anderes sündiges Pärchen den Reigen fortsetzte. In den Sommermonaten, so habe ich mir sagen lassen, konnte das manchmal sehr lange dauern.

Erinnerungen sind nicht immer gute Beraterinnen. Versteckt sich in der Kirchenzucht vielleicht doch ein weiterführender Sinn, den man nicht auf den ersten Blick erahnt?

Calvinistische Kirchen haben, freundlich formuliert, einen spröden Charme. Kein Bild buhlt um Aufmerksamkeit. Calvin war in der Bilderfrage ganz entschieden. Nichts durfte die Aufmerksamkeit auf das göttliche Wort trüben. Es war alles eine Frage der Ehrerbietung Gottes. Bei den langatmigen Sermonen in meiner Kinderzeit – quälend lange dreißig Minuten plus x – hatte das Auge keine Chance, zu desertieren. Es blieb nur die Flucht in die eigenen Gehirnkammern, wo Bilder gespeichert waren. Und der Pastor? Er hatte, bei oft mangelhaftem Talent, ein nahezu unerschöpfliches Reservoir an Aufmerksamkeit. Das empfand ich schon damals als ungerecht.

Führt in der Bilderflut der Gegenwart eine unideologische Diät in Bilderfragen aber vielleicht doch einen positiven Sinn mit sich?

Doppelte Prädestination, Sonntagsheiligung, Bilderverbot, Kirchenzucht – auf den ersten Blick eine Liste des Schreckens. In den Kammern meiner eigenen Erinnerung finde ich aber durchaus auch positive Szenen, die mit dem Stichwort „Calvinismus" verbunden sind. Im Konfirmandenunterricht nahmen wir sehr ausführlich die Abendmahlslehre durch, die bekanntlich bei den Heroen der Reformation zu einigen Verwerfungen führte. Calvin plädierte für ein sehr moderates Verständnis des Abendmahls, vermittelte zwischen Zwingli, für den das Abendmahl ein reines Gedächtnismahl war – die Elemente Brot und Wein symbolisieren nur Christi Leib und Blut –, und Luthers Lehre von der Consubstantiation, also der Vorstellung, dass nach der Wandlung Brot- und Weinsubstanz neben Leib und Blut Christi weiterbestehen. Calvin hat dagegen die Betonung der Gegenwart Christi in den Elementen aufgegeben und die leibliche Gegenwart durch das Wirken des Heiligen Geistes bestimmt. Unser Pastor, der später Karriere als Professor für Neues Testament in den Niederlanden machte, nannte die Vorstellung der Katholiken, die von einer realen Wandlung (Transsubstantiation) der Elemente von Brot und Wein in den Leib und das Blut Christi ausgehen, aber auch die Lehre der Lutheraner mit einem süffisanten Lächeln „unappetitlich".

In der Evangelischen Akademie in Tutzing hing viele Jahre lang ein provokantes Bild von Harald Duwe: Abendmahl. In der Mitte des Bildes erkennt man den Maler mit einem Löffel

Harald Duwe, Abendmahl, 1978

in der Hand, umringt von Freunden. Wein und Brot haben sich in der Tat verwandelt, die Feier wird zu einer monströsen kannibalischen Veranstaltung. Unappetitlich. (Offenbar geraten Künstler, die religiöse Bilder malen, sehr leicht in die Nähe einer katholischen Symbolik. Das gibt zu denken!)

Und zumindest an den positiven Klang einer Vokabel erinnere ich mich, wenn der Name Calvin früher fiel. Er sei viele Jahre ein Humanist und begnadeter Philologe gewesen, betonte ein Religionslehrer auf unserem Gymnasium immer, und humanistisch galt auf unserem Gymnasium stets als besondere Auszeichnung. Wer humanistisch gesinnt war, konnte nicht als Barbar auftreten. In dieser Perspektive war die Verbrennung des spanischen Theologen Servet als Ketzer auf dem Scheiterhaufen, an der Calvin federführend beteiligt war, einfach ein peinlicher Betriebsunfall.

Versuche ich die Tönung meines Gedächtnisses bei der Nennung des Namens Calvin zu beschreiben, so überwiegen leicht die dunklen Anteile. Gibt es eine stressfreie Aneignung von Calvin und eine entschädigende Erinnerung? Vorurteile und auch eigene Erfahrungen blockieren oft die Fähigkeit, sich einer historisch erfolgreichen Idee neu zu öffnen. Calvins Denkleistung besitzt eine Würde, der man nur gerecht wird, wenn man nicht die Leistung auf fragwürdige Auswüchse reduziert und die Gedankenhöhe einebnet.

In diesem Essay geht es mir nicht um eine Abrechnung. Mein biografischer Hintergrund und die zum Teil desaströsen Erfahrungen, die ich mit dem Calvinismus gemacht habe, hätten diese Vorgehensweise vielleicht sogar nahegelegt. Ich schlage einen anderen Weg ein: Ich will verstehen, wie Calvin zu seinen die Welt verändernden Einsichten kam und was daraus geworden ist.

Biografisch kann man diesem Calvin nur sehr schwer nahekommen, die Quellen sind sehr dürftig und er selbst hat sich nicht gerne in den Vordergrund gespielt. Und doch will ich, so weit wie möglich, dieser Figur biografisch folgen, danach wichtige Elemente seiner Lehre vorstellen und auf Gegenwartstauglichkeit prüfen.

"TÜV" für Gegenwartstauglichkeit

Lässt sich mit Calvin in einer „postsäkularen Gesellschaft"[2], die säkulare und religiöse Überzeugungen seiner Bürger gleichberechtigt gelten lässt, von beiden Parteien aber erwartet, dass sie sich gegenseitig verständlich machen, Staat machen? Was bleibt also von Calvin übrig?

Dabei wird sich in der Analyse herausstellen, dass in Calvins Denken die Idee der *Kirchenzucht* das Funktionieren einer offenen (transparenten) brüderlichen Gemeinschaft garantieren soll. Der nichtreligiöse Begriff *Transparenz* ermöglicht es, die enge Verbindung zwischen Calvins Denken und der Entwicklung der Demokratie genauer zu vermessen. Calvin, so meine These, ist ein Erzvater der Demokratie.

Ein vergleichbares Verfahren wende ich bei der Idee der *Doppelten Prädestination* an. Der nichtreligiöse Begriff der *Entängstigung* dient mir als Richtschnur, um den Wert des religiösen Begriffs zu messen. Man wird den Begriff der *Doppel-*

ten Prädestination deutlich umwidmen müssen, will man die Einsichten Calvins gegenwartstauglich machen.

Und die Herunterlassung oder Erniedrigung Gottes (theologisch: *kenosis*), vor allem die von Calvin immer wieder betonte Anpassung Gottes an die menschliche Sprache, macht eine *Interpretation* der (heiligen) Texte nötig.

In einem Schlussteil werfe ich einen Blick auf den Calvinismus, seine Anverwandlung durch Karl Barth und den holländischen Theologen Abraham Kuijper. Danach folgt ein Blick auf einen Maler, der die calvinistische Lehre ins Bild gebannt hat: Piet Mondrian. Er ist ein bilderstürmender Vorzeigecalvinist, den beinahe kein Kunsthistoriker als Calvinisten identifiziert. Das kann auch von Vorteil sein. Aber auch die sogenannte *Liberale Theologie* in der Nachfolge Schleiermachers zeichnet, wie ich zeigen werde, viele Anleihen bei Calvin.

Wer die Texte von Calvin lesen will, der muss einige mentale Stärken aufweisen. Eine Calvin-Lektüre ist für ungeübte Leser durchaus Hochleistungssport. Man benötigt intellektuellen Bizeps. Aber die Anstrengung lohnt sich.

Calvin also?

Ein religiöser Reformator mit bleibendem Einfluss. Wer ihn verstanden hat, versteht, so lautet meine These, auch die Gegenwart besser. Werfen wir aber zunächst einen Blick auf sein Gesicht und gehen dann zurück an seinen Geburtsort: nach Noyon in Frankreich.

Der Streber
Über die Anfänge Calvins

Gesichterlesen

Machen Sie einen Versuch in der Kunst des Gesichterlesens, bitte! Die Physiognomie eines Gesichts verrät viel. Vielleicht alles. Schauen Sie also in diese zwei Gesichter:

Johannes Calvin

Martin Luther

Auf beinahe allen Porträts, die es von Calvin gibt (es ist übrigens nicht belegt, dass Calvin jemals für ein Bild Modell gesessen hat), trägt er immer diese Mütze mit den angenähten Ohrenschützern und Ohrenwärmern – ein sehr schlichtes Gelehrtenbarett. Es unterstreicht bei Calvin die Schmalheit des Gesichts, das (vielleicht vom Fasten?) ausgezehrt wirkt, fröstelnd, ein wenig anorektisch, der intensive Blick der fraglos klugen Augen ist gleichermaßen leidenschaftlich und ernst, aber auch müde, eine Spur besorgt, aber auch entschlossen (die

Augen wirken leidend, vielleicht ein Hinweis auf Migräne?),
die Ringe um die Augen zeugen von nächtlichen Grübeleien,
die Nase verrät Unbeugsamkeit, der schmale, unsinnliche, ein
wenig verbissen wirkende Mund zeigt Zähigkeit an, der spitze,
das Gesicht verlängernde Bart verstärkt den Gesamteindruck:
Ein Gesicht wie ein Ausrufezeichen!

Vergleicht man mit diesem Gesicht das runde, ein wenig
feiste und feierfreundliche Gesicht Martin Luthers mit den
einladenden Augen, wird der Abstand zwischen beiden Reformatoren auf einen Blick sinnfällig.

Seiner Selbsteinschätzung zufolge vereinigte Calvin „Bescheidenheit, Sanftmut und Milde"[3], nennt sich von Natur aus
„schüchtern, sanft und zaghaft"[4]. Bescheidenheit ja, das zeigt
das einfache, schmucklose Pastorengewand, das uneitle Ba-
rett, aber sein Gesichtsausdruck spricht eine andere Sprache:
Offensichtlich hat dieser Mann hier lebenslang gegen seine
Natur gearbeitet, um seine Vorstellung von einer – im Dop-
pelsinn – reformierten Kirche durchzusetzen. Sieht so Milde
aus?

Seine Kritiker haben ihn prompt ganz anders wahrgenommen. Von Milde keine Spur. Vor allem sein Verhalten im Ket-
zerprozess gegen den spanischen Arzt und Theologen Servet
hat sein Bild nachhaltig negativ beeinflusst. Berühmt geworden
ist Stefan Zweigs Buch *Castellio gegen Calvin oder Ein Gewissen gegen die Gewalt*[5]. Eindrucksvoll schildert Zweig die fina-
le Begegnung zwischen Calvin und Servet: „Wichtig ist seiner
besessenen Rechthaberei auch jetzt nur noch eines: aus dem
Todgeweihten vor dem letzten Atemzug das Bekenntnis her-
auszupressen, daß Servet unrecht habe und er, Calvin, recht.
Aber da Servet spürt, daß dieser inhumane Zelot ihm noch
das einzige entreißen möchte, was in seinem verlorenen Leib
lebendig und für ihn unsterblich lebt: seinen Glauben, seine
Überzeugung, da bäumt sich der Gepeinigte auf. Entschlossen
weist er jedes Zugeständnis ab. Damit scheint Calvin jedes weitere Wort überflüssig: Ein Mensch, der sich in religiösen Dingen nicht ganz unterwirft, ist für ihn kein Bruder in Christo
mehr, sondern ein Satansknecht und ein Sünder, an den jedes

freundliche Wort nur vergeudet wäre. Wozu noch ein Senf-korn Güte für einen Ketzer? Hart wendet sich Calvin ab, wort-los und ohne freundlichen Blick verläßt er sein Opfer. Hinter ihm klirrt eisern der Riegel, und mit den furchtbar fühllosen Worten schließt dieser zelotische Ankläger seinen ihn selbst in alle Ewigkeiten anklagenden Bericht: ‚Da ich durch Zureden und Warnungen nichts ausrichten konnte, wollte ich nicht wei-ser sein, als mein Meister es erlaubt. Ich befolgte die Regel des heiligen Paulus und zog mich von dem ketzerischen Menschen zurück, der sich selber sein Urteil gesprochen.'" [6]

Wie mit diesem Widerspruch zwischen Härte und Milde umgehen? Hier hilft nur ein Blick auf Calvins Entwicklungs-gang. Wie gesagt: Die Selbstauskünfte Calvins sind eher mar-ginal. „De me non libenter loquor" – von mir selbst spreche ich nicht gerne, diese häufig zitierte Maxime[7] lässt einerseits dem Interpreten Spielraum für die Annäherung, hat aber auch verhindert, dass man Calvins Leben zu einer Heiligenvita aus-baute. Sehr nüchtern charakterisiert ihn der Biograf McGrath als „keine besonders anziehende Persönlichkeit, da es ihm an Witz, Humor und Wärme mangelte, Eigenschaften, die Luther auf Gesellschaften so beliebt machten" [8].

Anfänge

Geboren wurde Calvin als Jean Cauvin (Calvin ist eine vom lateinischen Calvinus hergeleitete französische Übersetzung) am 10. Juli 1509 in Noyon in der Picardie. Auch hier hilft Wi-kipedia weiter:

„**Noyon,** das römische *Noviomagus Veromanduorum,* ist eine Gemeinde im Département Oise und Hauptort eines Kan-tons in der Region Picardie. Sie liegt am Oise-Seitenkanal, etwa 100 Kilometer nördlich von Paris.

Die Gemeinde Noyon ist 1800 Hektar groß, liegt im Mit-tel 52 m ü. NN und hat 15 000 Einwohner. Sie besitzt eine go-tische Kathedrale und den Brunnen *Fontaine du Dauphin,* der 1771 errichtet wurde.

Ansicht von Noyon im 17. Jahrhundert

Geschichte

*   um 530: Noyon wird Sitz eines katholischen Kirchenmannes;
*   721: In Noyon stirbt der Frankenkönig Chilperich II. und wird ebenda bestattet;
*   768: Karl der Große wird in Noyon zum König der Franken gekrönt;
*   3. Juli 987: Hugo Capet wird in Noyon zum König von Frankreich gekrönt;
*   um 1150: mit dem Bau der Kathedrale wird begonnen;
*   13. August 1516: Vertragsschluss in Noyon zwischen Franz I. von Frankreich und Kaiser Karl V., in dem Frankreich Mailand erhält und Neapel aufgibt;
*   1559: Im Frieden von Cateau-Cambrésis wird Noyon an Frankreich verkauft.

Persönlichkeiten

*   Pierre-Robert, Olivétan (Vetter Calvins) wird um 1506 in Noyon geboren
*   Johannes Calvin wird am 10. Juli 1509 in Noyon geboren
*   Jacques Sarazin wird 1588 oder 1592 in Noyon geboren."

*Geburts-
haus
Calvins
in Noyon,
Picardie*

Nähert man sich mit *Google Earth* diesem Ort, dann entdeckt man eine Kleinstadt, eingebettet in einer anmutigen
Landschaft, die von zwei Flüssen eingefasst wird. Sogar das
im zwanzigsten Jahrhundert wieder aufgebaute Geburtshaus
mit dem Calvinmuseum lässt sich ausmachen.

Ursprünglich befindet sich das Geburtshaus in der Nähe
des Kornspeichers, der zusammen mit der Kathedrale das
Erscheinungsbild der Stadt dominiert. Einerseits ist Noyon
Bischofssitz, anderseits prägen Kaufmannsgilden den Alltag:
Auf dem Marktplatz gehen Korn-, Tuch- und Leinenhändler
und an den Ufern der Versette und der Verse Lohgerber und
Weißgerber ihrer Beschäftigung nach.

Calvins Vater ist ein klassischer Aufsteiger. Seine Vorfah-
ren arbeiteten als Flussschiffer, sein eigener Vater war Kü-
fer, Gérard Cauvin schafft es durch Zähigkeit und Ehrgeiz,
Karriere zu machen: Er wird Steuerverwalter der Grafschaft,
Administrator und Notar, Kirchengerichtsschreiber, Kirchen-
anwalt des Kapitels, Sekretär des Bischofs. Eine imposante
Juristenkarriere im Dienste des Bischofs und des örtlichen
Klerus! Gérard Cauvin genießt in jeder Hinsicht die Protektion des Bischofs von Noyon, Charles de Hangest, der dem

Adel der Umgebung entstammt. Diese enge Beziehung zum Bischof zahlt sich auch für Johannes und seine Geschwister aus, die zusammen mit den Kindern der Familie de Montmorts, Verwandten der Bischofsfamilie, erzogen werden. Johannes hat drei Brüder: Charles, der Priester wird, aber exkommuniziert 1537 stirbt; François, der das Kindesalter nicht überlebt; Antoine, er folgt später mit einer der zwei Schwestern, Marie, aus einer zweiten Ehe des Vaters stammend, Johannes nach Genf.

Einerseits lernt Johannes durch die Vermittlung seines Vaters sehr früh den Umgang mit Aristokraten, andererseits wird er durch seine Mutter Jeanne Le Franc, eine Gastwirtstochter, sehr früh, wenn auch nur für wenige Jahre, mit einer durch Exerzitien geprägten Frömmigkeit vertraut gemacht. Lebensklug verschafft der Vater seinem zwölfjährigen Sohn die finanzielle Absicherung für ein Studium durch eine nur formelle Anstellung als Kaplan an der Kathedrale der Stadt (wahrscheinlich empfängt Calvin in diesem Alter auch die Tonsur), achtzehnjährig wird er außerdem zu einem Parochialgeistlichen in der Diözese ernannt. Die Mittel aus den Pfründen reichen als finanzielle Basis für das Studium.

Nach dem Besuch des Collège des Capettes in seiner Heimatstadt – Capette bezieht sich auf die dunklen Umhänge, die die Schüler tragen –, begibt sich Johannes Calvin beim Ausbruch der Pest in Noyon nach Paris und studiert zunächst am Collège de La Marche Latein. Zeitgleich nehmen die Schweizer Städte Basel, Bern und Zürich die Reformation von Ulrich Zwingli an. Geleitet wird diese Anstalt von einem der modernen Reformpädagogen, Mathurin Cordier. Bei der Bezeichnung „Reformpädagoge" ist allerdings Vorsicht geboten: Cordier ist durchaus ein unerbittlicher Einpauker, aber neu ist, dass Cordier von den Fehlern der Schüler ausgeht, um sie zu verbessern. Cordier orientiert sich in seinen pädagogischen Bemühungen an den Idealen der *devotio moderna*, einem christlichen Humanismus, der sehr viel Nachdruck auf eine persönliche Religiosität und eine innere Nachfolge Jesu Christi legt. Die *devotio moderna* bietet im Frankreich jener

Jahre eine attraktive Alternative zur vorherrschenden ober-
flächlichen katholischen Kirchenfrömmigkeit.

Und obwohl Calvin nur drei Monate an dieser Anstalt
bleibt, entwickelt sich zwischen dem Lehrer und dem jungen Calvin eine enge Freundschaft. Aus Dankbarkeit für die
riesigen Fortschritte im Lateinischen, die er ihm verdankt,
widmet er Cordier später seinen Kommentar zum 1. Thessa-
lonicherbrief und beruft ihn schließlich zum Organisator des
schulischen Unterrichts in Genf und Lausanne.

Durch die Vermittlung der adeligen Familie de Montmorts
kommt Calvin auf das Collège de Montaigu, eine berühmte
Institution, an der auch der große Humanist Erasmus studiert
hat. In dieser Anstalt, von Jan Standonck gegründet, werden
die Frömmigkeitsformen der *devotio moderna* auf das Ideal
von Armut und Mystik reduziert; es herrscht gleichzeitig ein
strenges, sehr rigides Zucht- und Prügelregiment, über das
Erasmus in seinen *Colloquia familiaria* (1518–1533) Auskunft
gibt: Schlafkammern mit verschimmelten Wänden, bestia-
lisch stinkende Latrinen, verdorbenes Essen, muffiges Wasser,
mit Lust prügelnde Lehrer, die den Zöglingen die scholastische
Kunst des Disputierens mit brachialer Gewalt beibringen. Calvin allerdings kommt – vielleicht weil er als Sohn aus beschei-
denen Verhältnissen nicht ohne Stolz Schüler dieser Anstalt
ist – mit den unbequemen Zuständen sehr gut zurecht. Er
hat Sitzfleisch und unterstellt sich offensichtlich ohne große
Anstrengung einer autoritären Obrigkeit. Und er ist bildungs-
hungrig. Diese Kombination macht ihn für die Mitschüler offenbar nicht sympathisch. Sein von den anderen Zöglingen
verliehener Spitzname „accusativus" (eine Verballhornung
von Akkusativ und Anschuldigung – accusatio) spricht Bände: Offensichtlich gilt Johannes als Streber, der andere bei den
Lehrern anschwärzt. Freundlicher formuliert: Bereits der junge Calvin ist Anhänger der Transparenz im sozialen Kontext.
Diese Idee der *Transparenz* wird später im Zentrum seiner
Kirchenreform stehen.

Wer zu den Lehrern von Calvin in Montaigu zählt, ist nicht
genau auszumachen. Genannt wird ein spanischer Erzieher, ob

es der damals berühmte Dialektiker Antonio Coronel ist, lässt sich nicht mit Sicherheit behaupten. Und dass Calvin sogar bei dem Schotten John Major, der auch Ignatius von Loyola unterrichtete, Vorlesungen hört, ist zumindest nicht unwahrscheinlich. Da dieser John Major 1529 einen Kommentar zu den Evangelien veröffentlicht, in dem er sich sehr kritisch mit den Lehren Wyclifs, Hus' und Luthers auseinandersetzt, darf man davon ausgehen, dass Calvin hier zum ersten Mal einen intimeren Einblick in die Lehren Luthers und der Reformation gewinnt. Wahrscheinlich macht Calvin durch diesen Lehrer auch erste Erfahrungen mit Texten von Petrus Lombardus, William von Ockham, Augustin und den Kirchenvätern.

Nach fünf Jahren erwirbt Calvin ein Lizentiat in den Artes, das einen Zugang zum Studium ermöglicht. Überraschend beginnt Calvin jetzt aber nicht mit einem Studium der Theologie, sondern, auf plötzliche Anweisung seines Vaters hin, mit einem Studium der Rechte. In der Figur des Vaters verdichtet sich der Zwiespalt eines Aufsteigers: Einerseits ist er Kirchenjurist, seinen Aufstieg verdankt er fraglos der Bischofsfamilie, andererseits erfährt er an der eigenen Biografie, dass die Juristerei eine sehr einträgliche Einnahmequelle ist. Obwohl er stets Johannes zum Theologiestudium gedrängt hat, entscheidet er sich plötzlich anders. Es gibt eine berühmte Selbstmitteilung Calvins in seinem Vorwort zum Psalmenkommentar: „Schon seit meiner Kindheit hatte mein Vater mich für die Theologie bestimmt; doch als er dann später erwog, daß die Rechtswissenschaft für gewöhnlich diejenigen bereichert, die sich mit ihr befassen, ließ ihn diese Hoffnung seine Meinung ändern. Das war der Grund, weshalb man mich dem Studium der Theologie entzog und ich die Rechte studieren sollte. Doch obwohl ich mich aus Gehorsam gegen meinen Vater bemühte, seine Wünsche treu zu erfüllen, ließ mich Gott schließlich durch seine geheime Vorsehung meine Schritte in eine andere Richtung lenken."[9]

Hinter diesem Meinungswechsel des Vaters verbirgt sich eine kleine Tragödie. Der Vater kann sich der Protektion der Bischofsfamilie von Noyon Ende der zwanziger Jahre nicht mehr sicher sein, weil man ihm Unregelmäßigkeiten vorwirft. In einer Erbschaftsregelung kann er keine präzise Abrechnung vorlegen – vielleicht eine Folge der angehäuften Ämter, die ihn überfordern. Calvins Vater entschließt sich deshalb, seinem Sohn eine andere zukunftssichere Laufbahn zu eröffnen, und schickt ihn zum Studium nach Orléans. Offensichtlich hat sein Vater die Situation richtig eingeschätzt, denn es kommt zum Bruch mit dem Kapitel von Noyon. Der Streit eskaliert, Gérard Cauvin wird schließlich sogar exkommuniziert.

Anfang 1528 zieht Calvin nach Orléans und studiert an der damals hochgelobten Universität die Rechte – unter anderem lehrt dort der für seine Zeit berühmteste französische Jurist Pierre de l'Éstoile, unter dessen Eindruck Calvin gerät. Hier herrscht ein ganz anderes Klima als in der Anstalt in Montaigu. Zwar überwiegt auch hier eine konservative Grundhaltung, die Lehrenden sind dem katholischen Glauben durchaus tief verbunden, andererseits zeigt man sich hier – anders als an der Sorbonne – offen für die humanistische Forschung. Hier lernt Calvin am Beispiel der Rechte humanistische Philologie im besten Sinne. Die in Orléans betriebene Exegese des römischen Rechts bemüht sich um eine textkritische und linguistische Klärung des jeweiligen Wortlauts und verbindet die Ergebnisse mit einer genauen Erforschung der damaligen Institutionen und den geschichtlichen Besonderheiten, die zur ersten Kodifizierung geführt haben. Diese hier gelernten philologischen Künste wird er später, wenn auch modifiziert, auf die biblische Exegese anwenden.

Calvin ist ein begeisterter Student, lernt nächtelang, überschlägt Mahlzeiten (in späteren Lebensphasen wird er nur noch eine Mahlzeit zu sich nehmen!), memoriert in den frühen Morgenstunden, was er nächtens studiert hat. Nach wenigen Monaten bietet man ihm bereits an, Unterricht zu erteilen.

Nach den Sommerferien finden wir Calvin in Bourges, wahrscheinlich, weil er dort bei dem aus Mailand stammenden Juristen Andrea Alciati studieren will. Calvins Biograf Cottret charakterisiert Alciati so: „Groß, gewichtig und feist, ausgestattet mit einem herzhaften Appetit, soll dieser als bestechlich geltende Mann zudem ein lebhaftes Gefühl für seinen eigenen Wert besessen haben."[10] Sehr unterschieden von seinem barocken Aussehen, ist Alciati ein Anhänger des knappen, schmucklosen, aber prägnanten Stils, für den Calvin durchaus empfänglich ist. Wenn Calvin in einer 1531 erschienenen Vorrede zu der Schrift *Antopologia,* einer Publikation seines Freundes Nicholas Duchemin, für l'Éstoile und gegen Alciati Position bezieht, dann deshalb, weil l'Éstoile sich in seinen juristischen Exegesen sehr viel enger an den Gesetzestexten orientiert. In Bourges lernt Calvin auch den deutschen Gräzisten Melchior Wolmar, durch einen Homer-Kommentar schnell berühmt geworden, kennen, der ihm das Griechische näherbringt und seine Liebe zur griechischen Literatur weckt. 1546 widmet Calvin seinem Griechischlehrer seinen Kommentar zum 2. Korintherbrief. Auch das ist typisch für Calvin: eine Treue zu ihn prägenden Lehrern, die oft lebenslang anhält.

In Bourges erreicht ihn die Nachricht von der schweren Erkrankung seines Vaters. Einige andere Quellen sprechen davon, Calvin habe sich zufällig in Noyon aufgehalten, als sein Vater, inzwischen siebenundsiebzig, schwer erkrankt. Ich halte es für unwahrscheinlich, dass dieser überbordend strebsame Calvin sein Studienjahr grundlos unterbricht. Er eilt also nach Noyon zurück, trifft auf einen todkranken Vater, dem die Kirche die Sterbesakramente verweigert. Er nimmt mit seinem Bruder Charles an den Verhandlungen um die Rücknahme der Exkommunikation teil. Der Streit spitzt sich noch weiter zu und führt sogar zur Exkommunikation seines Bruders. Nur mit Mühe gelingt es den Brüdern, Gérard Cauvin auf dem Friedhof der Gemeinde beizusetzen.

Der Tod seines Vaters am 26. Mai 1531 bedeutet für Calvin einen großen biografischen Einschnitt. Er ist nicht länger an die Berufsplanung seines Vaters gebunden, die Erbschaft erlaubt ihm eine freie Wahl seines Studienortes und seines Studienfachs. Calvin zieht deshalb nach Paris und wendet sich verstärkt literarischen und philosophischen Studien zu. Allerdings ist in diesem Jahrhundert die Trennung zwischen Rechtswissenschaft und humanistischen Studien weniger strikt als in späteren Perioden.

Der erste Wurf

Calvin schreibt sich bei einer neuen Einrichtung ein, einer dreisprachigen Schule, aus der später das Collège de France hervorgehen wird. Er verbessert sein Griechisch, lernt Hebräisch und beendet im Winter 1531/32 seinen Kommentar zu Senecas *De clementia*. Anschließend kehrt er noch für einige Monate nach Orléans zurück und schließt sein Jurastudium ab.

In seinem ersten veröffentlichten Text zeigt sich Calvin als Meister der humanistischen Philologie: jede Textstelle wird philologisch aufgehellt, Grammatik und Logik werden zurate gezogen, Parallelstellen angeführt und die rhetorischen Figuren besprochen. Die Kosten für den Druck des Kommentars übernimmt Calvin selbst, bietet den Kommentar allen führenden Professoren an, bekommt aber, was seine Eitelkeit kränkt, sehr wenig Resonanz.

Calvins Vorwort verrät hohes Selbstbewusstsein, behauptet er doch, er habe einige dunkle Stellen, die der große Erasmus in seinem Kommentar zu Senecas Text übergangen habe, aufgeklärt. Viel wichtiger aber ist es zu deuten, warum Calvin diesen Text als Start für seine publizistische Karriere gewählt hat. Calvin glaubt, dass der Stoizismus im Verbund mit dem Humanismus eine Koalition eingehen könne mit dem Christentum gegen die Epikureer, also gegen eine hedonistische, auf das individuelle Glück zielende Lebensdeutung, die in jenen Jahren auch in Frankreich viele Anhänger besitzt.

Will man den späteren Theologen Calvin besser verstehen, dann scheint mir ein etwas längerer Blick auf die Philosophie der Stoa notwendig. Viele Stärken und Probleme der Theologie Calvins erwachsen aus der intensiven Beschäftigung mit der Stoa. Um es sogleich zu sagen: Man wird Calvin nur gerecht, wenn man begreift, warum er die *Milde* lebenslang verteidigt hat, trotz aller Strenge und trotz seiner Barbarei im Fall Servets. Gehen wir also einen mächtigen Schritt von Seneca zu den Anfängen zurück.

Zenon von Kition (333–264 v. Chr.), der Gründervater der Stoa, preist die Schönheit und Zweckmäßigkeit der Welt und behauptet, der Kosmos sei das Werk einer schöpferischen Urkraft, eines Logos. Der Mensch trägt diesen Logos als Stimme Gottes in sich. Der Urtrieb des Menschen richtet sich nach Zenon auf die Entfaltung und Erhaltung des eigenen Wesens, also die Entwicklung des Logos. Das impliziert eine Beherrschung der nur sinnlichen Triebe. Ziel ist ein Leben in Übereinstimmung mit dem Logos, der nicht durch Leidenschaften in seinem Wählen des Guten gestört werden darf (Apathie).

Das Leben im Einklang mit dem Logos der Natur konkretisiert sich als sittliches Verhalten in der Gemeinschaft, denn der Mensch ist von Natur aus, weil alle Menschen den Logos in sich spüren, gesellig. Auch die eigene Freiheit findet in diesem Ordnungsdenken einen angemessenen Ort. „Die sittliche Autonomie des Menschen wurde damit aber keineswegs aufgehoben; denn das allgemeine Gesetz befahl ihm nur, was ihm der eigene Logos, wenn er gesund war, als richtig zeigte."[11]

Wahrhaft gut ist dabei alles, was zur Glückseligkeit beiträgt: Einsicht, Gerechtigkeit, Tapferkeit, Selbstbeherrschung. Dagegen zählen Lust, Schönheit, Stärke, Gesundheit zu den indifferenten Dingen (Adiaphora), die sowohl schaden als auch nützen können. Auch die Gesundheit ist streng genommen etwas Indifferentes, bildet aber die Voraussetzung für die Entfaltung des Logos. Es entspricht also durchaus der Natur, das Leben zu erhalten. Allerdings kann es vernünftig sein, aus dem Leben zu scheiden. Die Stoa der Folgezeit unter Panaitios und Poseidonios – vor allem aber in der römischen Variante – zählt fünf Fälle auf, in denen der Freitod der eigenen Natur entspricht: „erstens eine dringende sittliche Notwendigkeit,

etwa Aufopferung für das Vaterland; zweitens Tyrannenge-
walt, die zum Unsittlichen zwingen will, drittens langwierige
Krankheit, die den Leib verhindert, der Seele als Werkzeug
zu dienen, viertens Armut, endlich Geisteskrankheit"[12]. Ich
erwähne dieses Element auch deshalb, weil im „Museum der
Reformation" in Genf jüngst ein lange verschollener Bericht
ausgestellt wurde, der deutlich macht, wie Calvin zu einem
sterbenden Selbstmörder gerufen wird, ihm Trost spendet und
den Behörden empfiehlt, ihn im Familiengrab beizusetzen. Als
Theologe ist Calvin strikt gegen den Suizid eingestellt, aber
vielleicht hat er sich in dieser Situation an seine Auseinandersetzung mit der Stoa erinnert und für Milde plädiert.

Die Stoa bietet über viele Jahrhunderte hinweg eine sehr
wirksame Lebenskunstschulung. In ihrer Nüchternheit, dem
rigiden Pflichtbegriff, der Unterordnung des Einzelnen unter das Sittengesetz ist die Stoa namentlich für das römische
Staatswesen attraktiv. Der Stoiker Lucius Annaeus Seneca
(etwa 4–65 n. Chr.) ist nicht zufällig Erzieher Neros und später die graue Eminenz in der Staatsführung. In seiner Pro-
grammschrift *De vita beata* (Vom glückseligen Leben) hat er
noch einmal gegen Epikur (allerdings sehr milde und eher
vereinnahmend) die Ansicht hinterfragt, das höchste Gut sei
im Genuss zu suchen, fügt aber ergänzend hinzu, dass für
denjenigen, der die höchste sittliche Vollkommenheit (virtus)
erlange, sich durchaus eine spezifische Freude (gaudium) ein-
stelle. Stilbildend im besten Sinne des Wortes sind bis heute
Senecas Schriften über die Zurückgezogenheit (*De otio*) und
De clementia.[13]

Es gibt viele Berührungspunkte zwischen Stoa und Christentum: die von den Stoikern behauptete Unabhängigkeit von
äußeren Dingen für die eigene Glückseligkeit, die Logosspeku-
lation (jeder Mensch hat einen Funken dieses Logos in sich),
die behauptete Gleichheit aller Menschen, die Idee der Menschenrechte, der Gedanke der Brüderlichkeit, das Ideal wissenschaftlicher Erkenntnis, das Streben nach Wahrheit. Und
der stoische Begriff der Vorsehung hat, wie ich zeigen werde,
Calvin zur Klärung seines Gottesbegriffs geholfen.

An einer ganz entscheidenden Stelle rückt Calvin in seinem Kommentar allerdings von den Stoikern ab. Die Hochschätzung der Apathie, also die Kunst, sich von äußeren Einflüssen unabhängig zu machen, wird von Calvin in seinem Kommentar korrigiert: Die *Barmherzigkeit* wird als zentrale christliche Tugend ausgemacht. Man wird hier natürlich sehr genau zusehen müssen, wie sich diese Barmherzigkeit konkretisiert.

Möglicherweise ist die latente Leibfeindlichkeit Calvins eine Folge seiner sehr engen Anlehnung an die Stoa, denn für die Stoa zählt, wie gesehen, auch die Gesundheit zu den sogenannten Adiaphora, ist also nicht entscheidend für die Glückseligkeit.

Auch wenn Calvin in späteren Jahren der Bibel den Vorzug vor den antiken Schriften gibt, so ist er doch lebenslang ein Bewunderer der antiken Schriftsteller – vor allem ein Bewunderer Senecas – geblieben. Und vergleicht man Calvins Latein mit dem üblichen Kirchenlatein jener Jahre, dann ist man über die Qualität dieses Lateins erstaunt. Der Biograf François Wendel behauptet sogar: „Bekanntlich war Calvin einer der besten Latinisten des 16. Jahrhunderts."[14]

Mit dieser Schrift tritt Calvin also an die Öffentlichkeit. Aber noch immer gehört er nicht zu den Anhängern der Reformation. Nur ganz zögerlich bewegt er sich in diese Richtung. Einen ganz eindeutigen Hinweis auf die Bekehrung bietet der Seneca-Kommentar nicht.

Der Bekehrte

Wann wurde Calvin zum Reformator?

Spurensuche

Zu den spannendsten Fragen der Calvin-Forschung zählt die Frage, ab wann man Calvin zu den Evangelischen rechnen darf. Gibt es eine oder gar zwei publikumswirksame Bekehrungsszenen, die sich ins Gedächtnis einspeisen lassen? Bei Luther ist es eindeutiger. Der Lutherfilm von Eric Till[15] lebt vor allem von der ersten Szene – und natürlich vom Charme seiner Hauptdarsteller Ralph Fiennes und Peter Ustinov. Zu Beginn des Films wird hochdramatisch der noch schlanke Martin Luther von einem Gewitter heimgesucht, er hat Angst vor der elektrischen Ladung und gibt der Heiligen Anna das Gelübde ab, Mönch zu werden. Und dann die zweite Szene, filmisch schwierig zu übersetzen, der Mönch Luther, der an den scheinbar übergroßen Anforderungen, die Gott an ihn stellt, zu zerbrechen droht, der sich in einen Gotteshass hineinsteigert, bis er im Römerbrief die Rechtfertigung durch den Glauben, unabhängig von den Werken, entdeckt. Einige Biografen behaupten, die entscheidende Einsicht sei Luther, der lebenslang unter quälender Verstopfung litt, an einem speziellen Ort aufgegangen.

Oder: Gibt es bei Calvin eine zentrale Durchbruchserfahrung, wie sie später die Pietisten stoppuhrgenau in ihren Tagebüchern festhielten? Wie wurde aus dem karrierebesorgten jungen Humanisten, der einen brillanten Seneca-Kommentar verfasst hat, der große Reformator?

Auf den ersten Blick: Es gibt keine idealtypische Szene. Fehlanzeige! Ich will zunächst die Begegnungen und Ereignisse inventarisieren, die seinen Entschluss, zu konvertieren, mutmaßlich beeinflussen – eine detektivische Puzzlearbeit, die einen genauen Zeitpunkt nahelegt.

- *Verfolgungen.* Calvin, dem aufstrebenden jungen Humanisten, werden die im antihumanistischen Geist durchgeführten Verfolgungen der „Falschgläubigen" nicht entgangen sein. Bereits als Calvin 1523 nach Paris kommt, wird der Augustinermönch Jean Vallière wegen Ketzerei auf dem Scheiterhaufen verbrannt. 1525, nach der Schlacht von Pavian – der französische König Franz I. stand in einem Dauerkonflikt mit dem jungen König von Spanien, der von den Kurfürsten zum Kaiser im Heiligen Römischen Reich gewählt worden war –, nutzt das Parlament die kurzzeitige Gefangennahme des Königs aus, um im Verbund mit der extrem konservativen theologischen Fakultät der Sorbonne gegen die „Falschgläubigen" brutal einzuschreiten. Etwa gleichzeitig wird in der freien Stadt Metz der Laienprediger Jean Leclerc hingerichtet. 1526 führt die Hinrichtung von Jacques Pauvant zu einer Schwächung der sehr schlagkräftigen evangelischen Bewegung in Meaux. 1529 wird Louis Berquin, der Übersetzer Luthers, gefoltert. Calvin ist nicht weltfremd! Er wird diesen antihumanistischen Geist mit Sorge vernommen haben.

- *Der Vetter Olivétan (eigentlich Pierre Robert).* Schon seit Kindertagen hat Calvin lebhaften Umgang mit seinem älteren Vetter Olivétan, dieser Kontakt hält sich auch in Paris. Olivétan, der 1535 seine berühmte Bibelübersetzung vorlegen wird, ist bereits sehr früh für die Reformation eingenommen, muss 1528 nach Straßburg fliehen, bleibt aber brieflich mit Calvin in engem Kontakt. Man muss davon ausgehen, dass Olivétan immer wieder den Versuch unternommen hat, Calvin für die Reformation zu gewinnen.

Offensichtlich viele Jahre lang ohne den entscheidenden Erfolg.

- *Pierre de l'Éstoile,* Juraprofessor in Orléans. Calvins Freund Nicholas Duchemin hat 1531 eine Verteidigungsschrift zugunsten von Pierre de l'Éstoile verfasst, dessen Methoden von seinem juristischen Widersacher Alciati, dem virilen Botschafter eines italienischen Humanismus, bespöttelt werden. Calvin versieht die Streitschrift mit einem Vorwort und besorgt den Druck. Wichtig ist: l'Éstoile gilt als ausgemachter Feind der Protestanten. Man muss also davon ausgehen, dass Calvin zu diesem Zeitpunkt nicht plant, zum Protestantismus zu konvertieren.

- *Melchior Wolmar,* Gräzist. Auch zu dem Gräzisten Melchior Wolmar pflegt Calvin, wie gelesen, ein sehr enges Verhältnis. Wolmar ist aber bereits bekennender Lutheraner, als er Calvin im Griechischen unterrichtet. Auch hier darf man vermuten, dass Wolmar durchaus versucht hat, Calvin die Lehre Luthers nahezubringen.

- *Tod des Vaters.* Fraglos haben die unwürdigen Verhandlungen um die Rücknahme der Exkommunikation des Vaters unmittelbar vor dem nahenden Tod (26. Mai 1531) die Kluft zwischen Calvin und der katholischen Kirche vergrößert. Als sein Bruder Charles schließlich auch noch exkommuniziert wird, ist der endgültige Bruch mit dem Kapitel seiner Heimatgemeinde nur noch eine Frage der Zeit.

- *Der Seneca*-Kommentar (1532). Hintergrund für Senecas Buch *De clementia* war der Versuch, seinem Zögling Nero Milde und Wohlwollen gegenüber seinem Volk zu empfehlen. Es liegt also nahe, diesen Anlass auf die Zeit Calvins zu übertragen. Hat Calvin vielleicht dieses Buch ausgewählt, um dem französischen König Franz I. eine Politik der Milde und Rücksicht gegenüber den Protestanten zu empfehlen? Zugegeben: Diese Interpretation ist äußerst galant, leider gibt es im Kommentar nur spröde Hinweise, die diese Absicht glaubhaft machen. Calvin tritt hier als junger, hochgebildeter Humanist auf, der zunächst nur daran interessiert scheint, die Nähe zwischen Stoa und Christentum zu vermessen und die Tugend der Barmherzigkeit einzuklagen. Und er, der Ehrgeizling, möchte Karriere machen.

- *Brief an Bucer.* In der Calvinforschung galt ein Brief an den Schweizer Reformator Bucer von 1532 lange unhinterfragt als Beweis dafür, dass Calvin bereits 1532 der Reformation nahestand. Inzwischen ist man sicher, dass der Brief, der sich mit zentralen Fragen der Reformation beschäftigt, auf jeden Fall nach 1532 geschrieben wurde.

- *Nicolas Cop,* Rektor der Universität. 1533 herrscht für die Reformation ein überaus positives Klima. Gemäßigte religiöse Reformer stehen in der Gunst des Königs Franz I. Zum Beispiel Lefèvre d'Étaples, genannt Fabri. Er gehört ursprünglich zur evangelischen Bewegung in Meaux, im Gedächtnis geblieben ist er als Übersetzer von Aristoteles und als Übersetzer der Bibel ins Französische. Er betont die Gnade Gottes und die Rechtfertigung durch den Glauben, rührt allerdings nicht an katholischen Dogmen wie der Jungfrauengeburt oder dem Fegefeuer. Die Gunst des Königs verdankt Fabri nicht zuletzt der Schwester des Königs, Margarete von Navarra. Von Navarra liebt die schöne Literatur – von ihr stammt eine Novellensammlung unter dem Titel *Heptameron,* ein Gegenstück zu Boccaccios *Dekameron* – die Mystik, und nicht zuletzt ihren Bruder. Sie glorifiziert ihren Bruder zu ihrem persönlichen Christus. Berühmt geworden ist Navarra durch ihren *Miroir de l'âme pécherese* (Spiegel der sündigen Seele, 1531), die die Sorbonne, ein Affront auch gegen den König, verbietet. Margarete von Navarra ist es auch, die 1533 sogenannte „evangelische" Predigten – die Anhänger Fabris wurden gerne „bibliens" genannt – im Louvre halten lässt. Zum Kreis um Fabri zählt auch Cop, der neue Rektor der Universität und ein Jugendfreund Calvins. Seine Antrittsrede an Allerheiligen hält er in der Franziskanerkirche. Unter der Hand mutiert diese Antrittsrede zu einer Predigt. In dieser Predigt über die Seligpreisung der geistlich Armen streicht er besonders die Bedeutung des Evangeliums und die Rechtfertigung aus dem Glauben heraus, beides Kernstücke der lutherischen Reformation. In der Forschung war lange umstritten, ob die Predigt nicht Calvin selbst verfasst habe. Es gibt im Nachlass eine teilweise Abschrift der Rede von Calvins Hand (das spräche für Calvins Verfasserschaft), die allerdings durchaus mit der Freundschaft beider in Zusammenhang stehen kann. Genauere Untersuchungen haben ergeben, dass die Rede Anleihen sowohl bei Erasmus als auch bei Luther nimmt (das spräche für die Verfasserschaft von Cop). Aber auch wenn man allerneuesten Forschungen glauben darf, nach denen Calvin der Autor der Rede ist, muss das noch nicht notwendig bereits die Konversion voraussetzen. In der Gedankenführung bleibt die Rede noch in der Spur einer gemäßigten Reform Fabris, zumal die Rede am Schluss der Einleitung eine Anrufung der Jungfrau enthält – für die Protestanten eher eine Zumutung. Auch eine biografische Randnotiz lässt Vorsicht walten: Noch im Dezember empfiehlt Calvin einem Freund, sich um ein kirchliches Amt zu bewerben. Entweder hat er diesem Freund seine Bekehrung verschwiegen oder sie findet später statt. Für das Datum um Allerheiligen spricht Calvins Flucht. Das Parlament nutzt die Abwesenheit des Königs und lässt den Rektor Cop verfolgen, der ins Ausland flieht. Da Calvin ebenfalls Paris fluchtartig verlässt, legt dieser Schritt den Schluss nahe, er habe eine sehr tragende Rolle in dieser Frage gespielt. Bei seinem Freund Louis du Tillet in Angoulême findet Calvin Unterschlupf. Es sind, trotz der bedrückenden Situation, glückliche und arbeitsreiche Monate, in denen er eine erste Skizze der *Institutio* entwirft.

- *Rückgabe der Pfründe.* Im Mai 1534 gibt Calvin seine Pfründe zurück, eine Konsequenz der ganzen Entwicklung. Das kanonische Recht verlangt bei der Vollendung des 25. Lebensjahres eine Entscheidung, ob man die Priesterweihe empfangen will oder nicht. Offensichtlich ist Calvin zu der Überzeugung gelangt, auf einen Dienst in der katholischen Kirche zu verzichten. „Man braucht diesen Schritt noch nicht notwendig als einen Bruch mit Rom anzusehen, obwohl Calvin diesen innerlich bereits Ende 1533 oder Anfang 1534 vollzogen hatte."[16]

- *Erste theologische Schrift.* Nach der Rückgabe der Pfründe nutzt Calvin die Ruhe, um eine erste theologische Abhandlung zu schreiben: *De psychopannychia* (Vom Schlaf der Seelen). In dieser Schrift wendet sich Calvin gegen die Lehre der Wiedertäufer, die Seelen würden nach dem Tod bis zum Jüngsten Gericht schlafen. Es kann nicht verwundern, dass ein gebildeter Humanist wenig Sympathie für die radikalen und schwärmerischen Wiedertäufer aufbringt. Es ist vielleicht eine letzte Vergewisserung, wo für ihn die Grenze zu den Sektierern zu ziehen ist. Gegen die Theorie vom Seelenschlaf, aber auch gegen die These, die Seele sterbe mit dem Körper und werde mit dem Körper aufgeweckt, steht für ihn die aus der klassischen Bildung übernommene Überzeugung, dass die Seele Substanz hat, mit Gefühl und Verstand ausgestattet ist und weiterlebt, damit, so seine theologische Konsequenz, das *regnum Dei,* die Königsherrschaft Gottes, nicht erst am Jüngsten Tag aufgerichtet werde. In diese Richtung gedrängt wird Calvin durch eine Frage, die sich ihm stellt, als er über den Tod, die Auferstehung und die Himmelfahrt Christi räsoniert. Sehr vieles bleibt in dieser Schrift ungeklärt, etwa wie die körperliche Auferstehung im Unterschied zur platonischen Rede von der Unsterblichkeit der Seele zu verstehen sei[17]. Wahrscheinlich hat Calvin diese Schrift auf den Rat eines Freundes hin nicht 1534, sondern deutlich später (1542) drucken lassen.

- *Plakataffäre.* Im Oktober 1534 werden im Königreich Plakate angeschlagen, die die Messe und damit die Kirche als Heilsinstitut infrage stellen. Urheber der Plakataktion ist Antoine Marcourt, wie Calvin und Lefèvre aus der Picardie stammend, Pastor in Neuchâtel. Wahrscheinlich ist die Plakataktion dem Thesenanschlag Luthers nachempfunden, ihr Stil ist allerdings extrem provokant. Christus, so die Pointe im Anschluss an den Hebräerbrief, sei der einzige Mittler. Es bedarf also nicht der Eucharistie, um selig zu werden. Die Kirche als Heilsinstitut ist damit überflüssig. Die Eucharistiefeier wird als Blasphemie gedeutet und entsprechend grob als „Geläute, Geheule, Gesinge, Zeremonien,

Kerzenlichterei, Beweihräucherungen, Verkleidungen und (...) Unfug" denunziert[18]. Die Plakate erreichen sogar die Königsgemächer. Franz I., durch seine Schwester Margarete von Navarra den Protestanten gegenüber eigentlich positiv gestimmt und als Gegenspieler zum spanischen König gleichsam automatisch der Schutzherr der Evangelischen, greift jetzt sehr entschieden durch. Er glaubt seine eigene Herrschaft nur durch die konservativen Kräfte geschützt. Verhaftungen und Verbrennungen haben wieder Konjunktur. Auch Calvin entschließt sich zu fliehen. Er reist, nach reiflicher Überlegung, von Paris nach Basel, damals ein geistiges Zentrum Europas.

Bernard Cottret behauptet, die Bekehrung vollziehe sich „zweifellos um die Jahreswende 1532/1533"[19]. Man darf diese Aussage bezweifeln. François Wendel schlägt als Zeitpunkt vor: „um das Allerheiligenfest 1533"[20]. Diese Angabe scheint mir sehr viel genauer. Interpreten, die die Bekehrung mit dem Beginn des juristischen Studiums 1528 zusammenfallen lassen[21], heben zumeist treffend darauf ab, dass seit diesem Zeitpunkt die Kluft zur katholischen Kirche ständig größer werde.

Trägt man alle biografischen Hinweise zusammen, dann dürfte die Bekehrung Calvins zur reformatorischen Lehre etwa auf Allerheiligen 1533 zu datieren sein. Spannender noch als das Datum ist der Vorgang der Bekehrung selbst. Gut reformatorisch geschieht sie im Akt des Lesens.

Calvins Selbstinterpretation

Zu seiner Bekehrung hat sich Calvin erst sehr viel später selbst geäußert. Da ist zunächst das sechs Jahre nach der Konversion verfasste berühmte Antwortschreiben an den Kardinal Sadolet, der die Genfer Bürger zur Rückkehr in den Schoß der katholischen Kirche aufgefordert hatte. „Ja, je mehr ich mich aus der Nähe betrachtete, um so schärfer waren die Stacheln, die

mein Gewissen plagten, so daß mir kein anderes Linderungs-
mittel mehr blieb, als durch Vergessen mir selbst etwas vorzu-
machen. Weil sich mir aber nichts Besseres anbot, ging ich auf
dem einmal beschrittenen Weg weiter. In der Zwischenzeit
war eine gründlich veränderte Form der Lehre entstanden,
die uns nicht vom christlichen Bekenntnis abzog, sondern die
das Bekenntnis an seine Quelle heranführen und es wie von
Schlacken befreit in seiner ursprünglichen Reinheit wieder
herstellen wollte. Befremdet von dieser Neuerung, wollte ich
ihr mein Ohr kaum leihen, und habe ihr – ich gestehe es – an-
fangs tapfer und mutig widerstanden, zumal (da die Menschen
von Natur aus eigensinnig und halsstarrig sind und die einmal bestehende Ordnung aufrecht erhalten wollen) ich mich
nur mit Mühe zu dem Eingeständnis bewegen ließ, ich hätte
mein ganzes bisheriges Leben in Irrtum und Unwissenheit
verbracht. Und besonders eines hinderte mich daran, jenen
Leuten zu glauben: meine Ehrfurcht vor der Kirche (ecclesiae reverentia). Aber nachdem ich einmal meine Ohren geöff-
net und mir die Belehrung hatte gefallen lassen, erkannte ich
wohl, daß meine Befürchtung, es könnte die Hoheit der Kirche
geschmälert werden, völlig überflüssig war. Denn sie gaben
mir den großen Unterschied zu bedenken, (der darin liegt,)
ob einer sich von der Kirche trennt, oder ob er sich müht, sie
von den Lastern zu reinigen, mit denen sie sich befleckt hat."[22]
Von der Konversion zum Protestantismus abgehalten hat ihn
also, so die Kernaussage, die Ehrfurcht oder vielleicht besser:
Ehrerbietung (reverentia) für die Kirche. Erst als er seine Ohren öffnet, oder wie es an anderer Stelle im Brief heißt, erst
als Gott ihn „erleuchtet"[23], erkennt er, dass die Ehrerbietung
der Kirche gegenüber sich nicht mit der Ehrerbietung für die
Schrift streiten darf. Das Wort der Schrift, so Calvin, ist eine
„Fackel", die alles, auch die eigene Situation, erleuchtet. „Tief
bestürzt über die Erkenntnis des Elends, in das ich gefallen
war, und viel mehr noch dessen, das mir drohte – des ewigen
Todes – tat ich, was meine Pflicht war, hielt nichts für dring-
licher, als unter Seufzen und Tränen über meine bisherige Le-
bensführung den Stab zu brechen."[24]

Diese Beschreibung erinnert zunächst stark an die Bekehrungsszene Luthers, ohne sich explizit auf eine Textstelle, etwa den Römerbrief, zu beziehen. Kernpunkt der Argumentation ist die Dialektik der Ehrerbietung: Es kommt alles auf die *Ehrerbietung der Schrift* an, die den – ich übertreibe – humanistisch verstockten Calvin erleuchtet. Calvin beugt sich über und verbeugt sich vor der Schrift. Durch die Schrift hat Gott, so die Pointe, Calvin erwählt!

An einer anderen Stelle, im Vorwort zum Psalmenkommentar (1557), gibt Calvin eine genauere Erzählung seiner Konversion. Er parallelisiert jetzt seinen eigenen Lebensweg mit dem Lebensweg Davids: „Es ist wahr, daß meine Stellung eine viel geringere und niedrigere ist (als die Davids), und ich brauche mich nicht damit aufzuhalten, dies zu zeigen; doch wie er von den Schafherden weg zum höchsten Grad der Königswürde erhoben wurde, so hat Gott mich aus meinen kleinen und niedrigen Anfängen aufsteigen lassen, bis er mich endlich zu diesem so ehrenvollen Amt berufen hat, ein Diener und Verkünder des Evangeliums zu sein. (…) Und da es sich zunächst so verhielt, daß ich dem Aberglauben des Papsttums derart zugetan war, daß es recht schwierig war, mich aus so tiefem Pfuhl herauszuziehen, so hat er durch ein Bekehrungserlebnis mein Herz, das für sein Alter in solchen Dingen allzu verstockt war, gefügig und gelehrig gemacht. Nachdem ich nun mit der wahren Frömmigkeit bekannt geworden war und etwas Geschmack daran gefunden hatte, entflammte mich ein solcher Eifer, darin vorwärtszukommen, daß ich, obwohl ich die andern Studien keineswegs aufgab, mich doch weniger fleißig damit beschäftigte. Ganz verblüfft nun war ich, daß, noch ehe das Jahr um war, alle diejenigen, die nach der reinen Lehre Verlangen trugen, zu mir kamen und von mir lernen wollten, der ich doch selber noch am Anfang stand. Ich meinerseits, von Natur aus etwas menschenscheu und schüchtern, habe stets Ruhe und Abgeschiedenheit geliebt und begann mir ein kleines Versteck zu suchen, das es mir gestattete, mich vor den Menschen zurückzuziehen; aber weit davon entfernt, an das Ziel meiner Wünsche zu gelangen, wurden mir im Gegenteil alle Zufluchtsorte und abgelegenen Plätze zu öffentlichen Schulen. Kurz, obschon ich immer im Sinne hatte, unbekannt als Privater zu leben, hat Gott mich durch allerlei Umwege und Kehrtwendungen dergestalt geführt, daß er mich gleichwohl nirgendwo Ruhe finden ließ, bis daß er mich entgegen meiner Veranlagung ans helle Licht gezogen hat und mich, wie man so sagt, ins Spiel hat kommen lassen. Und in der Tat verließ ich das Land Frankreich und begab mich nach wohlerwogenem Vorsatz nach Deutschland, damit ich dort zurückgezogen an einem unbekannten Ort leben könnte, wie ich es immer gewünscht hatte."[25] Und etwas weiter heißt es mit ausdrücklichem Bezug auf König David: „Wie dieser heilige König der andauernden Kriege mit den Philistern und anderen fremden, mit ihm verfeindeten Völkern leid, noch ärger indes betrübt war durch die Bosheit, die ihm inmitten seines Volkes durch etliche Treulose und Nichtswürdige widerfuhr; also, könnte ich sagen, erging es auch mir, indem ich von allen Seiten bedrängt worden bin, dergestalt, daß ich nur mühevoll für ganz kurze Zeit etwas Ruhe finden konnte, so daß ich immerfort irgendwelchen Streit zu ertragen hatte, sei es mit denen draußen oder mit denen drinnen."[26]

Durchaus überraschend wählt Calvin als Folie für seine Berufungsszene nicht etwa Paulus aus, sondern den alttestamentlichen Heroen David. Allerdings ist es nicht der waffentechnische Schleuderspezialist, der Goliath zur Strecke bringt, auch nicht der spätere König David, vielmehr entdeckt Calvin in diesem David den demütigen Menschen, der sich dessen bewusst ist, dass seine spätere Herrlichkeit sich einer Erwählung durch Gott verdankt. David ist in diesem Sinne „der Prototyp des Erwählten"[27]: Gott kann aus schlichten Schäfern Krieger und Könige machen.

Zugegeben: Calvin ist kein schlichter Schäfer, sondern ein gelehrter Humanist. Und dieser ehrgeizige Humanist wird jetzt in die Nachfolge Jesu mit unbestimmtem Ausgang gerufen – eine Lebens-Unsicherheit, die sein Vater hatte verhindern wollen. Auch hier scheint mir der Gedanke der Erwählung oder der Prädestination der zentrale Punkt zu sein. Im Text liest man zwar den Ausdruck *conversio subita,* aber – das dürfte deutlich geworden sein – hier geht es nicht um eine plötzliche (lat. subitus) Konversion, sondern um eine erlittene (lat. subire) Konversion. Calvin hat viel durchleben müssen, bis sich die Konversion durch Gott ereignete. Überspitzt formuliert: Gott hat die Konversion gleichsam selbst durchgeführt. Offenbar gegen den Willen Calvins.

Typisch für Calvin: Dieser Konversionsbericht ist rhetorisch sehr genau durchgearbeitet. Ich vermute hier im Hintergrund eine Übertragung. Berühmt ist das Horaz-Zitat: *Mutato nomine de te fabula narratur,* zu Deutsch: Wechsele den Namen und die Geschichte erzählt von dir. Horaz bezog diese Sentenz auf die antiken Klassiker, Calvin könnte sie unter der Hand auf die biblische Schrift angewendet haben. Es ist zumindest überraschend, dass ein gelernter Humanist, der von der Qualität der antiken Schriften begeistert ist, der Bibel eine vergleichbare Qualität zugesteht.

Mehr als zweihundert Jahre später wird Johann Georg Hamann, der Freund Kants, seine eigene Bekehrung – dabei ging es, vereinfachend gesagt, um die Kehre vom rationalen Aufklärer zum frommen Aufklärer – mit genau diesem Satz des Horaz untermauern. Biblische Figuren bieten Identifikationsmöglichkeiten, die einem das eigene Leben verständlich machen – so die Einsicht von Calvin und Hamann. Wer liest, wird in diese Geschichten verstrickt, ihm wird seine eigene Geschichte neu erschlossen und plötzlich wird anhand einer erzählten Geschichte das eigene Leben verständlich. Vergangenheit und Gegenwart bekommen einen Sinn. Diese entscheidende Wende kann, so der protestantische Urinstinkt, lesend erfolgen, ein Schlüsselereignis, das die ganze Lebensgeschichte aufschließt. Vielleicht besteht die zärtliche Fürsorge Gottes darin, solche Geschichten erzählen zu lassen.

Hamann macht übrigens seine Bekehrung ebenfalls an einer alttestamentlichen Geschichte fest, der von Kain und Abel. Hamann reflektiert diese Lektüreerfahrung in seinen „Gedanken über meinen Lebenslauf". „Ich erkannte meine eigenen Verbrechen in der Geschichte des jüdischen Volks, ich las meinen eigenen Lebenslauf, und dankte Gott für seine Langmut mit diesem seinem Volk, weil nichts als ein solches Beispiel mich zu einer gleichen Hoffnung berechtigen konnte. (…) Mit diesen Betrachtungen, die mir sehr geheimnisvoll vorkamen, las ich den 31. März des Abends das V. Kapitel des I. Buchs Moses, verfiel in ein tiefes Nachdenken, dachte an Abel, von dem Gott sagte: die Erde hat ihren Mund aufgetan, um das Blut deines Bruders zu empfangen – Ich fühlte mein Herz klopfen, ich hörte eine Stimme in der Tiefe desselben seufzen und jammern, als die Stimme des Bluts, als die Stimme eines erschlagenen Bruders, der sein Blut rächen wollte, wenn ich selbiges beizeiten nicht hörte und fortführte mein Ohr gegen selbiges zu verstopfen, – daß eben dies Kain untätig und flüchtig machte. Ich fühlte auf einmal mein Herz quillen, es ergoß sich in Tränen und ich konnte es nicht länger meinem Gott verhehlen, daß ich der Brudermörder, der Brudermörder seines eingeborenen Sohnes war. Der Geist Gottes fuhr fort, ungeachtet meiner großen Schwachheit, ungeachtet des langen Widerstandes, den ich bisher gegen sein Zeugnis und seine Rührung angewandt hatte, mir das Geheimnis der göttlichen Liebe und die Wohltat des Glaubens an unsern gnädigen und einzigen Heiland immer mehr und mehr zu offenbaren.

Ich fuhr unter Seufzern, die vor Gott vertreten wurden durch einen Ausleger, der ihm teuer und wert ist, in Lesung des göttlichen Wortes fort und genoss eben des Beistandes, unter dem dasselbe geschrieben worden, als des einzigen Weges, den Verstand dieser Schrift zu empfangen, und brachte meine Arbeit mit göttlicher Hilfe, mit außerordentlich reichem Trost und Erquickung ununterbrochen den 21. April zu Ende.

Ich fühle Gott Lob! jetzt mein Herz ruhiger, als ich es jemals in meinem Leben gehabt. In den Augenblicken, worin die Schwermut hat aufsteigen wollen, bin ich mit einem Trost überschwemmt worden, dessen Quelle ich mir selbst nicht zuschreiben kann und den kein Mensch imstande ist, so überschwenglich seinem Nächsten einzuflößen. Ich bin erschrocken über den Überfluß desselben; er verschlang alle Furcht, alle Traurigkeit, alles Mißtrauen, daß ich keine Spur in meinem Gemüt mehr finden konnte."[28]

Gott kommt im Text, in den erzählten Geschichten, zu Hamann (und Calvin). Vielleicht darf man sogar so weit gehen und sagen: Gott erweist den Menschen seine Reverenz, seine Ehrerbietung. Gott begegnet den Menschen in diesen Texten, erschließt ihnen den Sinn, verändert sie, bewegt sie, macht sie zu neuen Menschen. Wichtig ist: In dieser Geschichte entdeckt Hamann einen langmütigen Gott, und es ist genau diese Langmut, die auch Calvin für sich in Anspruch nehmen darf. Hamann hat jahrelang (genau wie Calvin!) seine „Ohren verschlossen", bis Gott, der ihm im Text begegnet, sie ihm aufschließt. Gott, so die Pointe, ist der Autor der Lebensgeschichte. Auf Gott treffen können Leser im Text, weil, wie Hamann die Einsicht zusammenfasst, Gott ein Schriftsteller ist: „Gott ein Schriftsteller! – Die Eingebung dieses Buches ist eine ebenso große Erniedrigung und Herunterlassung Gottes als die Schöpfung des Vaters und Menschwerdung des Sohnes."[29]

Die calvinistische Urszene, auch wenn sie viel später rhetorisch geglättet wurde, beschreibt eine *Dialektik der Reverenz*. Reverenz meint Ehrerbietung, ein ursprünglich religiöser Begriff, der heute auch in der Soziologie verwendet wird. Gut reformatorisch lehnt Calvin eine blinde Reverenz der Institution Kirche gegenüber ab und wendet alles auf die Schrift an, in die hinein sich Gott verkleinert hat. Um die Pointe zu verstehen, hilft ein Blick auf die Szene des Lesens. Wer sich über die Schrift beugt, verbeugt sich vor Gott und zeigt ihm Reverenz. In der Lektüre erfährt der Leser, wie seine Biografie von den Texten her verständlich wird. Gott kümmert sich. Gotteserkenntnis und Selbsterkenntnis gehören im Akt des Lesens zusammen.

Der Reformer

Genf. Eine Lebensaufgabe

Genf heute und gestern

Genf. Mit diesem Namen verbindet man heute eine eher licht-scheue Schickeria, der Charme der späten Bourgeoisie ver-bandelt sich hier glücklich mit jungem Geld. 35 Prozent des weltweiten Privatvermögens wird in Genf verwaltet. Das Rote Kreuz residiert in stressfreier Umgebung, ebenso die UNO. Hier gibt es pro Kopf die dichteste Angebotspalette für gedie-gene Herrenmode und ein deutliches Überangebot an Linge-rien, Adams Kostüme – vielleicht eine späte Erbschaft und Reaktion auf den züchtigen Calvin. Und weil Rolex seinen Stammsitz in Genf hat, entdeckt man an den Handgelenken der Bewohner überdurchschnittlich viele edle, aber nur milde-protzige Uhrmachermeisterstücke.

Die Stadt kuschelt sich an den Genfer See, überwölbt von einem aufregend smogfreien Himmel, das Wasser von einem intensiven Blau, das sich in den getönten Kontaktlinsen der Bewohnerinnen wiederholt. Auch hört man in der Stadt nur selten ein Autohorn; die Stadt ist lebendig, aber gediegen leise, höchstens vernimmt man die Melodie des Wasserspiels der großen Fontäne, des Jet d'Eau, man lacht, aber so vornehm wie im Foyer einer Oper. Ich kenne keine andere europäische Stadt dieser Größe, wo wie hier nahezu jeder Fußgänger im Straßenbild den Dresscode eines abendlichen Theaterbesuchs einhält. Der Latte macchiato ist teuer, die Küche sensationell, die Architekten haben an jeder Ecke der Stadt dem Genius Loci klug Reverenz erwiesen. Bausünden: nahezu Fehlanzei-ge! Und, eine herrliche Ironie der Geschichte, in Genf befin-den sich 120 Galerien und ein Zollfreilager, das wegen der dort geparkten Kunstwerke als die ungekrönte größte Galerie der Welt gilt – Genf, die Stadt der Bilder, als wolle sie die eigene Geschichte der Bilderstürmerei kurz vor und zu Zeiten Calvins überschreiben. Die mentale Verfassung dieser Stadt: vorwiegend heiter!

Diese Stadt erinnert nur noch von ferne an jene Stadt, der Johannes Calvin über viele Jahre ein Gesicht verliehen hat. Als Calvin diese Stadt zum ersten Mal besucht, zählt sie etwa 10 000 Einwohner (Zürich hat damals 7000, Wittenberg nur 2000 Einwohner), heute sind es 185 000. Im 16. Jahrhundert ist Genf also eine durchaus große Stadt, die zwar dem Heiligen Römischen Reich zugeordnet wird, aber seit Beginn des Jahrhunderts auf Unabhängigkeit drängt. Zu dieser Zeit bilden sich in der heutigen Schweiz drei Zentren: das Wallis, die drei Rätischen Bünde und der Verband der dreizehn Orte, darunter Zürich, Bern, Luzern, Basel, Freiburg. Genf steht, auf Eigenständigkeit bedacht, in einem eher lockeren Verbund mit den dreizehn Orten. Als Stadtstaat muss sich Genf ständig vor Vereinnahmungen schützen. Prekär wird die Situation, weil sich in der Stadt zwei Parteien unversöhnlich gegenüberstehen, die Eidgenossen (frz. Eidguenot, vielleicht leitet sich die Bezeichnung für die französischen Protestanten als Hugenotten, frz. Hugenot, hiervon ab), die gegen Savoyen opponieren, und die konservativen „Mamelucken", ein Kampfbegriff, der die Erinnerung an die Krieger des Sultans wachruft, die für Geld alles leisteten. 1524 besetzt der Herzog von Savoyen Genf, mit geringem Erfolg, denn zwei Jahre später entscheiden sich die Genfer für eine Union mit Bern und Freiburg, also für die helvetische Lösung.

Diese Erinnerung ist wichtig, weil das kulturelle Gedächtnis oft vorschnell Genf nur mit der religiösen Revolution verbindet. Zunächst ist die Revolution in Genf *politisch* motiviert, erst danach wird die religiöse Reformation, kräftig von Bern unterstützt, betrieben. Am Karfreitag 1533 feiern die Genfer den ersten reformierten Gottesdienst, im Oktober 1535 vertreiben die Einwohner ihren Bischof, im Frühjahr 1536 wird die Reformation, von Guillaume Farel, der bereits 1530 die Reformation in Neuchâtel durchgesetzt hatte, maßgeblich organisiert – die Priester haben einen Monat Zeit, sich zu bekehren. Mit Ausnahme einer in Wellen ausbrechenden heftigen Bilderstürmerei verläuft die Reformation in relativ geordneten Bahnen. Das ist die Situation, die Calvin im August 1536 vorfindet, als er eher aus Zufall Genf erreicht.

Von Basel über Genf nach Straßburg

Im Januar 1535 treffen wir Calvin noch in Basel an. Er lässt sich mit seinem Freund Louis du Tillet (der später in den Schoß der Mutterkirche zurückkriechen wird, ein leidenschaftlicher Briefwechsel dokumentiert dieses Ringen, in dem du Tillet Calvin abspricht, von Gott berufen worden zu sein) unter dem Decknamen Martianus Lucianus nieder. Dass Calvin in Basel auch Erasmus trifft, der 1535 dorthin zurückkehrt und dort ein Jahr später stirbt, scheint eher unwahrscheinlich.[30] Engen Kontakt hält Calvin zum ehemaligen Rektor Cop sowie zu den Führern der Reformation in Straßburg, Martin Bucer und Wolfgang Capito. In Basel macht er vor allem positive Erfahrungen mit einer Struktur, die für ihn vorbildlich wird: In Basel haben die Zünfte die Aufgabe, die Einhaltung der Abendmahlspflicht der Bürger zu kontrollieren. Die innerkirchliche Jurisdiktion mit möglichen Disziplinarmaßnahmen fasziniert Calvin. Seine Idee der Kirchenzucht hat hier ihre erste Inspiration gefunden.

In Basel findet Calvin die Muße, an zwei Veröffentlichungen zu schreiben. Er publiziert ein Vorwort zur Bibelübersetzung seines Vetters Olivétan, der erstmalig im Rekurs auf die Urtexte eine französische Fassung vorlegt. Die lateinische Vorrede zum Alten Testament ist eine Abrechnung mit dem Papstum. Die französische Vorrede zum Neuen Testament richtet sich an alle, die Christus und seine Schrift wahrhaft lieben. Rhetorisch geschickt wird der Leser der Schrift, gemeint sind natürlich die Anhänger der Reformation, auf Entbehrungen vorbereitet. „Was könnte uns also von diesem heiligen Evangelium entfernen und entfremden? Beschimpfungen, Verfluchungen, Schande, Verlust weltlicher Ehren? Doch wir wissen sehr wohl, daß Jesus Christus, dem wir nachfolgen sollen, wenn wir seine Jünger sein wollen, diesen Weg gegangen ist, und es anzunehmen gilt, verachtet, verspottet, erniedrigt und von den Menschen verworfen zu werden, und dafür beim Gericht Gottes geehrt, gewürdigt, verherrlicht und erhöht zu werden. Verbannung, Ächtung, Verlust von Besitz und Vermögen? Doch wir wissen bei der Verbannung aus einem Land sehr wohl, daß die (ganze) Erde Gott eigen ist, und wenn wir auch überall vertrieben werden, doch nicht außerhalb seines Herrschaftsbereiches sind."[31] Dass Calvin mit der Übersetzungsleistung seines Vetters nicht durchgängig einverstanden ist, wird deutlich, als er in Genf Verbesserungen an der Übersetzung vornimmt. Er teilt außerdem nicht die demütige Einschätzung Olivétans, das Französische hinke an Eleganz und Prägnanz hinter den alten Sprachen zurück. Ganz im Gegenteil. Kaum jemand vor Calvin hat so enthusiastisch wie er die Eleganz des Französischen gefeiert.

Noch wichtiger ist eine zweite Schrift. In Basel beendet und verlegt Calvin seine erste Fassung der *Institutio christianae religionis*. Es ist, genauer: wird sein *Opus magnum*. Das Wort *Institutio* meint nach antikem Vorbild eine pädagogische Anstalt, sprich Schule, wahrscheinlich ist auch eine Anspielung auf das damals bekannteste Lehrbuch der Rechtswissenschaft in Frankreich intendiert. Berühmt geworden ist die Vorrede an den französischen König – ein Bravourstück der Rhetorik. Sie beginnt mit einer *Captatio Benevolentiae*, einer Verbeugung vor dem Herrscher, dann folgt eine meisterhafte Apologie der Reformation. Jedes im Umlauf befindliche Argument gegen die Reformation wird mit scharfsinnigen Beweisführungen ad absurdum geführt. Es sind Vorwürfe wie die folgenden: eine erst kürzlich entstandene Lehre, die sich nicht auf das Zeugnis der Alten berufen könne; eine zweifelhafte Lehre, die ohne Zeichen und Wunder auskommen müsse und im Widerspruch zum Zeugnis der Väter stehe; eine Lehre, die kirchenspaltend, schismatisch wirke; eine Lehre, die keine Früchte trüge, vielmehr Sekten und Aufruhr produziere! Mit großer rhetorischer Begabung widerlegt Calvin alle Argumente. Ein Beispiel: „Zum ersten: Wenn sie unsere Lehre *neu* nennen, beleidigen sie Gott aufs schwerste. Sein heiliges

Wort hat es nicht verdient, der Neuheit beschuldigt zu werden. Daß sie ihnen freilich neu ist, denen auch Christus neu und das Evangelium neu sind, das bezweifle ich keinen Augenblick. Wer aber weiß, daß die Predigt des Paulus: ,Jesus Christus sei um unserer Sünde willen gestorben und um unserer Rechtfertigung willen auferweckt' (Röm 4,25) durchaus alt ist, der wird bei uns nichts Neues entdecken. Daß sie so lange unbekannt geblieben und vergraben war, ist die Schuld menschlicher Gottlosigkeit. Jetzt, da sie uns durch Gottes Güte neu geschenkt wird, sollte sie wenigstens nach dem Recht der Heimkehr ihre alte Autorität geltend machen dürfen."[32]

Aufgebaut ist die *Institutio* in der ersten Fassung zwar wie ein Traktat, er lehnt sich allerdings – auch inhaltlich – sehr eng an den Katechismus Luthers an: Zunächst behandelt Calvin das Gesetz, den Glauben, das Gebet. Im vierten Hauptstück folgen Taufe und Abendmahl, dann werden die restlichen fünf katholischen Sakramente kritisch geprüft und abgelehnt, im letzten Kapitel behandelt Calvin die christliche Freiheit, die Macht der Kirche und das weltliche Regiment. Bereits in dieser frühen Ausgabe der *Institutio* – man muss erinnern: Calvin hat keine vollständige theologische Ausbildung erhalten – kann man ein Grundanliegen Calvins erkennen: Luthers Rechtfertigungslehre wird von ihm pneumatologisch, also im Rekurs auf die Lehre vom Heiligen Geist interpretiert. Es geht nicht länger um die typisch lutherische Frage: Wie bekomme *ich* einen gnädigen Gott, sondern Ziel ist die geistgewirkte *Gemeinschaft* mit Christus, also die Kirche als Leib Christi.

Als die *Institutio* 1536 von dem Verleger Platter auf den Markt gebracht wird, ist Calvin mit du Tillet auf dem Weg nach Ferrara an den Hof der Herzogin Renée von Frankreich, weil er hofft, mit Hilfe der Herzogin einen positiven Einfluss auf die französische Reformation nehmen zu können. Nach einem kurzen Aufenthalt reist er über Basel noch einmal nach Paris, um seine geerbten Ländereien zu verkaufen, macht sich dann in Begleitung seiner Schwester und seines Bruders auf nach Basel (als Alternative erwägt er Straßburg), um sich dort niederzulassen, landet aber durch die Kriegswirren in Genf.

Dort beschwört ihn der Führer der Reformation, Guillaume Farel, ein feuriger Redner, der dem Kreis um Lefèvre entstammt, zu bleiben.

Calvin hat diese bildmächtige Szene in seinem Psalmenkommentar geschildert: „Daraufhin tat Farel, vor herrlichem Eifer glühend, die Sache des Evangeliums zu fördern, was nur in seinen Kräften stand, um mich dort festzuhalten. Und nachdem er gemerkt hatte, daß ich mich für bestimmte Studien freihalten wollte, und als er sah, daß er mit Bitten nichts ausrichten konnte, da ließ er sich zu der Verwünschung hinreißen, es möge Gott gefallen, seinen Fluch auf die ruhigen und beschaulichen Studien zu senden, nach denen ich trachtete, wenn ich mich in einer so großen Notlage davonmachte und Beistand und Hilfe verweigere. Welches Wort mich derart in Schrecken und Erschütterung versetzte, daß ich von der begonnenen Reise Abstand nahm, freilich so, daß ich im Bewußtsein meiner Verschämtheit und Schüchternheit mich keineswegs zur Ausübung irgendeines Amtes verpflichten wollte."[33] Es spricht für die theologische Urteilskraft Farels, dass er einen zwanzig Jahre jüngeren Theologen, dessen *Institutio* soeben erst ihren Siegeszug antritt, zum Führer der Reformation in Genf bestimmt.

Calvin geht mit sehr viel Energie an die gewaltige Aufgabe, eine total neue Kirchenorganisation zu schaffen. Er entwirft vier Artikel, die dem Magistrat der Stadt vorgelegt werden: monatliche Abendmahlsfeier, Einführung der Psalmen in die Liturgie, Einführung eines Kinderkatechismus, eine Reform des Eherechts. Weil der Magistrat das Abendmahl nach dem Berner Brauch auf eine vierteljährliche Austeilung herunterhandelt, verlangt Calvin im Gegenzug das Recht auf Exkommunikation. Der Magistrat fürchtet sich, fraglos zu Recht, vor einem Machtverlust, würde man der Kirche eine eigenständige Jurisdiktionsgewalt zuerkennen. Wichtig ist festzuhalten, was Cottret notiert: „Tatsächlich ist Genf nie Theokratie gewesen. Mochten sich geistliche und weltliche Macht auch wechselseitig stärker durchdringen als heute, so kam es doch nie zu einer Verschmelzung von Lehramt und Staatsgewalt, magistère und magistrat. Calvin musste sogar einen zähen Kleinkrieg führen, um die Autonomie der Kirche gegen den dominierenden Einfluss der Räte zu verteidigen. Im Mittelpunkt der Auseinandersetzung stand daher die Exkommunikation: Ist diese ein religiöser Akt, wie Calvin behauptet, oder obliegt sie der weltlichen Jurisdiktion, wie seine Gegner meinen?"[34]

An einer anderen Stelle überzieht Calvin ebenfalls. Sein mit Farel ausgearbeitetes Glaubensbekenntnis soll von allen Genfer Bürgern unterzeichnet werden. Zahlreiche Genfer Bürger verweigern die Unterschrift, entweder weil sie noch nominell der katholischen Kirche angehören, oder weil sie die soeben gewonnene christliche Freiheit nicht durch eine Unterschrift unter ein Glaubensbekenntnis einschränken wollen.

Calvin kann sich nicht durchsetzen, wird zudem durch einen Angriff eines Lausanner Pfarrers, Pierre Caroli, geschwächt, der ihm auf dem sogenannten *Lausanner Disput* (1536) vorhält, nicht wirklich trinitarisch zu denken, also häretisch, im Stile des Arius zu argumentieren. Arius (um 260–336) vertrat die Lehre, dass es nur einen wahren Gott gebe und Jesus Christus ein vor allen anderen Menschen ausgezeichnetes Geschöpf sei. Vater und Sohn sind nach Arius also nicht gleichen Wesens. Das Konzil von Nicäa (325) verurteilte diese Lehre, die sehr viele Anhänger hatte, als häretisch, und stellte die Wesensgleichheit von Vater und Sohn fest.

Aber typisch für Calvin: Die Herausforderung durch Caroli wird von ihm mit Vehemenz angenommen. Die Auseinandersetzungen mit Caroli, der mehrfach die Seiten wechselt, dauern lange an. In schriftlicher Form widerspricht er ihm erst 1545: *Gegen die Verleumdungen des P. Caroli.*

Calvin ist deshalb vom Vorwurf des Arianismus besonders betroffen, weil auch der große Humanist Erasmus am Dogma der Dreifaltigkeit milde Anstoß nahm und Calvin vermuten muss, man halte ihn immer noch für einen unverbesserlichen Humanisten. Ein Zweites kommt hinzu: Caroli verlangt von ihm eine Geste der Rechtgläubigkeit. Er soll die altkirchlichen Bekenntnisse, das Apostolikum, das Nizänum und das Athanasium unterzeichnen. Dieses Ansinnen widerstreitet dem protestantischen Instinkt von Calvin, der alles aus der Schrift belegen will. Deshalb bemüht er sich in dem Traktat, die biblischen Grundlagen der Trinitätslehre herauszuarbeiten und die Symbole, also die altkirchlichen Bekenntnisse, daran zu messen. Diese Aufgabe beschäftigt ihn mit Unterbrechungen bis zum Ende seines Lebens.

Gleichzeitig eskaliert der Streit mit dem Magistrat. Der Magistrat entscheidet, dass auch denjenigen Bürgern, die das Glaubensbekenntnis nicht unterschrieben haben, das Abendmahl ausgeteilt werden müsse. Weil der Magistrat außerdem liturgische Gebräuche aus Bern (Benutzung des Taufbeckens und und Abendmahl mit ungesäuertem Brot) übernimmt, protestieren Calvin und Farel, der Magistrat erlässt prompt ein Predigtverbot, Calvin und Farel setzen sich darüber hinweg und besteigen Ostern 1538 die Kanzel. Der Magistrat reagiert sehr entschieden und verweist beide und den blinden Kollegen Coraud der Stadt.

Lässt man diese frühe Genfer Zeit Revue passieren, dann fällt zweierlei auf. Obwohl Calvin in seiner eigenen Biografie desaströse Erfahrungen mit der Exkommunikation gemacht hat, beharrt er an entscheidender Stelle auf diesem Machtinstrument. In seinem Streit mit Caroli muss er an seiner eigenen Person erfahren, wie hochproblematisch es ist, auf ein Glaubensbekenntnis, und seien es die altkirchlichen Symbole, verpflichtet zu werden. Er verlangt es von den Genfern trotzdem.

Farel und Calvin verlassen Genf als Verlierer. Farel wird bis zu seinem Tod ein sehr erfolgreicher Pastor in Neuchâtel, Calvin, der sich eigentlich seinen Studien widmen will, am liebsten in Basel, wird von dem Reformator Bucer aufgefordert, in Straßburg, das 1529 die Reformation vollzogen hat, Verantwortung zu übernehmen. Und als könne Calvin nicht anders, als dem Spruch des Horaz *(Wechsele den Namen und die Geschichte erzählt von dir)* die Reverenz zu erweisen, gibt er sich geschlagen, als Bucer den alttestamentlichen Helden Jona, der sich dem Ruf Gottes widersetzte und von einem Wal verschluckt wurde, als warnendes Beispiel wählt. Im Vorwort zu seinem Psalmenkommentar wird Calvin später notieren: „Der ausgezeichnete Diener Christi, Martin Bucer, bediente sich eines ähnlichen Beweises und Einspruchs, wie ihn vordem Farel angewandt hatte, und berief mich auf eine andere Stelle. Da mich jedoch das Beispiel des Jona, welches er mir vorhielt, in Schrecken versetzte, so setzte ich meine Lehrtätigkeit weiter fort."[35]

Hier in Straßburg – es zählte damals 20 000 Einwohner – ist alles anders. Die französischen Exilanten bilden eine feste Gemeinschaft, man geht sehr brüderlich miteinander um, die Gemeinde ist berühmt für ihre Gesangskunst, Calvin führt einen Haushalt mit vielen jüngeren Studenten, die vom Autor der *Institutio* begeistert sind. Er ist Pastor für die französischen Flüchtlinge – schenkt seiner Gemeinde einen französischen Psalter (1539) und eine Liturgie (1540) – und zugleich Professor für Exegese an der soeben eröffneten Hochschule, die von Johannes Sturm als Rektor geleitet wird.

Um einen hübschen Anachronismus zu gebrauchen: Calvin ist das Urbild einer calvinistischen Arbeitsethik; er arbeitet wie besessen. 1539 erscheint die *Institutio* in neuer Auflage, ein inzwischen mächtig angewachsenes Werk, das jetzt der Vorsehung und der Prädestination großen Platz einräumt und stärker als in der ersten Auflage die Verschränkung von Gotteserkenntnis und Selbsterkenntnis behandelt. Zudem veröffentlicht er 1540 als ersten Band einer großen Reihe von Kommentaren einen Römerbriefkommentar. Durchaus selbstbewusst nennt er die Schwächen seiner Vorgänger, mit denen er sich auf Augenhöhe glaubt: Melanchthon habe wesentliche Passagen ungeklärt gelassen, Bucer sei entschieden zu weitschweifig.

Wie gesagt: Die rhetorisch stärkste Schrift in dieser Phase ist der Brief an Sadolet vom 1. September 1539. Ein Prälat mit humanistischer Bildung und Gesinnung hat den Weggang von Calvin nach Straßburg benutzt, um die Genfer aufzufordern, der Reformation abzuschwören. Offenbar hat Calvin seine alte Gemeinde nicht vergessen, denn er reagiert mit Entschiedenheit, um dem Kardinal das Geschäft mit der Angst, gemeint ist die Drohung mit dem Richterstuhl Christi, zu verderben. Calvins Brief beginnt mit einer rhetorischen Verbeugung, dann folgt eine scharfsinnige Replik. Wer sich auf die Bibel verlasse, so die Pointe, erlange ein ruhiges Gewissen und werde von der Angstpolitik der katholischen Kirche nicht länger terrorisiert. [36]

In die Straßburger Zeit fällt auch Calvins Heirat. Sehr romantisch ist die Geschichte nicht. Man hat eher den Eindruck, Calvin könne nicht anders, als auch in seiner Person zu demonstrieren, wie unsinnig das Zölibat ist. Eine Notiz verrät seine Einstellung: „Ich, der ich nach außen hin dem Zölibat so feindlich gesinnt bin, ich bin noch nicht verheiratet und weiß nicht, ob ich es jemals sein werde. Wenn ich eine Frau nehme, so wird es geschehen, damit ich, von mannigfachen Plackereien besser befreit, mich dem Herrn weihen kann." [37] Dieser Satz offenbart Calvins Sehnsucht: Es ist die Sehnsucht des humanistischen Buchtrinkers, der am liebsten studiert und das Studium als Gottesdienst versteht. Farel gibt er eine sehr nüchterne Selbstcharakteristik: „Denn ich gehöre nicht zu der verrückten Art von Liebhabern, die auch die Fehler ihrer Geliebten preisen, wenn sie einmal von der Schönheit hingerissen sind. Das ist die einzige Schönheit, die mich anlockt, wenn sie züchtig ist, gehorsam, nicht hochmütig, sparsam, geduldig, wenn ich auch hoffen darf, daß sie zu meiner Gesundheit Sorge trägt." [38] Er sucht also eine unbegrenzt belastbare Angestellte mit ganzkörperlicher Betreuungsgarantie.

Nicht ganz überraschen muss, dass Calvin, der mit Studenten engen Kontakt hält, der sich vielleicht sogar mit Studenten wie eine Entourage umgibt, von begeisterten Glaubensbrüdern Angebote bekommt, sich mit deren Töchtern zu verheiraten. Ein Adeliger drängt ihm seine Tochter förmlich auf, aber Calvin fürchtet sich vor dem Ungleichgewicht der Herkunft. Um aus der Bredouille zu kommen, verlangt er von der jungen Adeligen, Französisch zu lernen. Die zögert und Calvin entzieht sich. Er verlobt sich zwischenzeitlich mit einer schönen, aber eher armen Partie, zögert selbst und löst schließlich die Verlobung, weil er, so geht die Legende, von der Ehrbarkeit des Mädchens doch nicht ganz überzeugt ist. Bereits zwei Monate später ist er tatsächlich verheiratet. Die Ausgesuchte ist die Witwe Idelette de Bure – hochattraktiv und von einer eher aristokratischen Geisteshaltung. Calvin kennt seine künftige Frau seit geraumer Zeit, weil er Madame de Bure und ihren Ehegatten Jean Stordeur um 1537 seelsorgerlich betreut und aus den Fängen der Wiedertäufer gerettet hat. Als der Gatte der Pest in Straßburg zum Opfer fällt, kann er die Witwe sehr umfassend trösten. Sie heiraten im August 1540. Bereits 1549 stirbt sie. Beider einziges Kind, ein Sohn, stirbt nach wenigen Tagen. Nach dem Tod seiner Frau verzichtet Calvin auf künftige Ehefreuden.

Calvins Weggang aus Genf hat nicht zu einer Befriedung der Stadt beigetragen. Den Feinden Calvins – sie nennen sich Artischocken oder Artikulanten – gelingt es nicht, die Anhänger Calvins – sie nennen sich nach dem Vornamen Farels Guillermins – in die Enge zu treiben. Die Guillermins (darunter auch Antoine Marcourt, der Urheber der Plakataffäre) widersetzen sich der Neubesetzung der Pfarrämter, wehren sich vor allem gegen den wieder erstarkten Berner Ritus. Der Prozess gegen die Artikulanten, denen eine übergroße Nähe zu den Bernern nachgesagt wird, führt zur Enthauptung ihres Anführers, Jean Philippe. Aus der Ferne versucht Calvin zu vermitteln. Als bei Wahlen die Guillermins erstarken, ändert sich die politische Großwetterlage. Der sogenannte Kleine Rat der Stadt (er besteht aus 25 Mitgliedern, der Große Rat aus 200, an der Spitze stehen die vier Bürgermeister, genannt Syndici) entscheidet sich, Calvin zurückzurufen, zumal die eingesetzten Pastoren die Stadt verlassen haben. Es ist ähnlich wie bei Trainern in der Fußball-Bundesliga: Nach dem Rausschmiss folgt oft ein erneuter Ruf des noch vor Jahresfrist gescholtenen und verjagten Trainers.

Zurück in Genf

Calvin verlässt Straßburg, er geht nicht gerne, sondern mit Wehmut, vielleicht auch in der Hoffnung, nicht lange in Genf bleiben zu müssen. Im Rückblick auf sein Leben zeichneten sich vielleicht nur die Straßburger Jahre durch eine gewisse Leichtigkeit aus.

Im September 1541 kehrt er nach Genf zurück und wird dort – mit wenigen Unterbrechungen – bis zu seinem Tod leben. Den Räten der Stadt wird er übrigens niemals angehören, das Bürgerrecht (Genf unterscheidet zwischen citoyenneté, die Geburt und Taufe in der Stadt voraussetzen, und der bourgeoisie für Zuwanderer) wird ihm erst 1559 zugesprochen, und trotzdem geht Calvin als großer Reformer Genfs in die Annalen ein. Er ist ein Pastor, der in einer Stadt, die noch immer ihre gültige politische Struktur sucht, eine Kirche aufbauen will, die Orientierung und Stabilität garantiert.

Seine erste Predigt hält er über den Text, der nach seinem Weggang aus Genf an der Reihe gewesen wäre, eine starke Demonstration seiner Gründlichkeit. Durchaus konsequent startet Calvin mit der Erarbeitung einer Kirchenordnung, der *Ordonnances ecclésiastiques* (1541), die mit dem Rat der Stadt abgesprochen werden muss, der sich in langwierigen Verhandlungen Rechte bei der Exkommunikation und der Nominierung der Pastoren sichert. Auffallend ist in der Kirchenordnung die an Bucer orientierte Lehre von den vier Ämtern. Das erste Amt bekleiden zunächst die Pastoren, die das Wort Gottes verkünden müssen. Man verlangt von ihnen eine in jeder Hinsicht vorbildliche Sittlichkeit. Der Anspruch ist enorm, eine Überforderung, an der viele Pastoren in der Folge scheitern werden. Das zweite Amt bekleiden die Doktoren, die die Gläubigen in der wahren Lehre zu unterrichten haben. Die Kirchenältesten, die sich um die Disziplin sorgen müssen, werden so gewählt, dass jedes Stadtviertel vertreten ist. Die Diakone übernehmen die Armen- und Krankenpflege. (Betteln ist übrigens strengstens verboten.)

Organisiert und zusammengehalten wird diese Struktur vom sogenannten Konsistorium, das über die Sitten wachen soll. Diese Kirchenbehörde wird von den Pastoren und zwölf Laien (zwei Mitglieder des Kleinen Rates, vier des Rates der Sechzig und sechs des Rates der Zweihundert) gebildet, und ist für die kirchliche Jurisdiktion zuständig. Zwischen dem Konsistorium und dem Magistrat wird es, weil beide sich um das Recht der Exkommunikation streiten, immer wieder

Meinungsverschiedenheiten geben. So wird dem Konsistorium untersagt, Gemeindemitglieder vom Abendmahl auszuschließen, zugestanden wird nur das Recht zur Ermahnung. Erst 1555 bekommt der Kirchenrat das Recht zur Exkommunikation. Die Zahl der Exkommunikationen steigt seitdem sprunghaft: 1561 gibt es etwa 240 Exkommunikationen. Bis zu Calvins Tod bleiben die Spannungen zwischen der „Kirche als dem corpus Christi und der Gesellschaft als dem corpus christianum"[39] ungelöst.

1542 verfasst Calvin einen *Katechismus* (griech. für widerhallen), der sich in Frage- und Antwortform besser für den kirchlichen Unterricht Jugendlicher eignet als die *Instruction et confessions des foi* von 1537. Der Frager ist gleichsam der Versucher, während die Schüler in der Wir-Form die wahre Lehre erschallen lassen. Dieser Katechismus, ebenfalls von Bucer beeinflusst, startet mit Fragen zum Glauben, dann folgen Fragen zum Gesetz und zum Gebet. Die lutherische Reihenfolge: Gesetz, Glaube, Gebet, wird durch die Reihenfolge: Glaube, Gesetz, Gebet ersetzt. Sowohl diese Form des Katechismus als auch die Ämter-Lehre dokumentieren einen langsamen Wechsel in der Grundhaltung Calvins: der Einfluss Luthers ist deutlich zurückgedrängt, jetzt dominiert der Einfluss Bucers.

Mit der Einführung des Psalters im Jahre 1543, der sich auch an die Straßburger Erfahrungen anlehnt – neun Reimfassungen stammen von Calvin selbst –, ist die erste Phase der Konsolidierung abgeschlossen. Sie findet ihren inhaltlichen Abschluss in der strittigen Frage einer Kanonizität des Hohenliedes. Der klassische Philologe Sebastian Castellio, den Calvin bereits in seiner Straßburger Zeit kennengelernt hat, bewirbt sich um ein Pastorenamt. In dem anstehenden Gespräch äußert Castellio sehr nachhaltig Bedenken gegen die Kanonizität des Hohenliedes, deutet das Lied als frivoles Liebesgedicht, das dem jungen Salomo, noch weit von seinem später erreichten Weisheitsstil entfernt, zuzuschreiben sei. Einen Platz in der Bibel dürfe es nicht haben. Auch Fragen zur Höllenfahrt deutet Castellio anders als Calvin. Besonders schwer aber wiegt die Frage nach der Kanonizität. Eine Religion wie die reformierte,

P. Magiter,
16. Jahr-
hundert,
Le poids
de la Bible,
Collection
des musées
de Noyon,
Musée Jean
Calvin

die alle Begründungen der Bibel entlehnt (eine im 16. Jahrhundert kursierende Karikatur macht die Schwerkraft der Bibel gegenüber der päpstlichen Macht sinnfällig), muss in dieser Frage Einigkeit herstellen. Da keine Kirche der Reformation dem Hohelied die Kanonizität abspricht, antwortet Calvin sehr entschieden.

Castellio wird also die Einstellung verweigert, er wird aber mit einem First-Class-Zeugnis der Pastoren, das ihm bescheinigt, er sei bestens geeignet, ein Magisteramt in einer Schule zu bekleiden, weggelobt.

Der Anfang der Reorganisation ist also gemacht. Jetzt kommen die Krisen. In dem Krisenmanagement macht Calvin nicht immer eine gute Figur. Und in der Frage der Verbrennung Servets macht er eine ausgesprochen schlechte Figur.

Der Organisator

Erfolge, Skandale, Allergien und
ein Spielkartenfabrikant

Krisenmanagement

Je weiter eine religiöse Reform sich ausdehnt, je mehr das Privatleben und die intimsten Fragen angetastet werden, desto nachdrücklicher ist das Bedürfnis vieler Gläubigen, sich kleine Fluchten und Auszeiten zu nehmen. Im Namen der Religion ein hartes sittliches Regiment zu führen, hinterlässt bei den Betroffenen oft eine tiefe Kränkung. Nein. Zimperlich ist Calvin nicht, wenn es um die Kirchenzucht geht. Und sein Wille zur Abgrenzung, die im Namen der Konsolidierung vollzogen wird, ist, auch als ihn die körperlichen Kräfte verlassen, unglaublich zäh. Ich will einige markante Krisen nennen.

Der ehemalige Spielkartenfabrikant Pierre Ameaux, Mitglied des Kleinen Rates, strebt eine Scheidung von seiner Frau an, die in einem hormonell-schwärmerischen Überschwang alle Männer als zusätzliche Ehemänner in die engere Wahl nimmt – und auch vor Calvin nicht haltmacht. Sowohl Ameaux als auch Calvin sind *not amused,* sogar Calvin plädiert, gegen die Meinung des Rates, auf Scheidung. Obwohl Calvin Ameaux' Standpunkt vertritt, kommt es während eines weinseligen Essens im engen Kreis zu einem Vorwurf Ameaux' an die Adresse Calvins, er sei ein Picardie (neudeutsch: ein Zugereister oder Bürger mit Migrationshintergrund), vertrete eine schlechte Lehre und sei ein schlechter Mensch. Calvin reagiert, als ihm der Vorfall zu Ohren kommt, allergisch und bewirkt beim Rat der Stadt ein Zuchtverfahren, das über das einfache Schuldbekenntnis hinausreicht: Ameaux wird verurteilt, nur mit einem Büßerhemd bekleidet und eine Fackel tragend durch die Stadt zu gehen, um gegenüber Gott, dem Rat und auch Calvin Abbitte zu leisten.

Es kommt prompt zu Unruhen in den Stadtteilen, in denen Ameaux als tadelloser Bürger gilt und noch immer Einfluss besitzt. Truppen müssen aufziehen, und prophylaktisch wird als Drohung ein Galgen aufgestellt, um die Gemüter zu beruhigen. Aber der latente Hass auf die Franzosen, die an entscheidenden Hebeln der Macht sitzen, nimmt zu. Und Klagen der Bürger über die Pastoren verhallen nicht mehr ungehört. Vielleicht hat sich im Gedächtnis der Bevölkerung auch festgeschrieben, wie mutlos die Pastoren sich in den Zeiten der Pest verhalten haben. Diese Vorwürfe schließen Calvin ein. Auch Calvin ist nicht angstfrei, denn nur so lässt sich erklären, warum Calvin die Jagd auf Hexen und Giftmischer und die Folterung und Hinrichtung sogenannter Peststifter duldet. In dieser Frage steht Calvin lebenslang mit beiden Beinen im Mittelalter.

Von Skandalen in der eigenen Familie bleibt Calvin übrigens nicht verschont. Seine Schwägerin, die bei ihm im Hause in der Rue des Chanoines wohnt, wird des Ehebruchs beschuldigt. Man nimmt sie in Haft, sie muss schließlich in einem öffentlichen Ritual auf Knien ihren Mann – und auch Calvin – um Verzeihung bitten. Zehn Jahre später wird sie rückfällig (offensichtlich nicht sehr wählerisch, sucht sie sich den buckligen Bediensteten ihres Mannes aus), kommt prompt erneut in Haft, Calvins Bruder reicht (endlich) die Scheidung ein.

Ernster ist eine andere Krise. 1546 wird eine Gruppe von Freigeistern, sie nennen sich *Libertins* oder *Kinder Genfs,* in der Stadt sehr mächtig. Sie rekrutieren sich aus angesehenen Genfer Familien, nehmen sich Freiheiten gegenüber der kirchlichen Autorität heraus, wähnen sich im Zustand der gnädig erfolgten Erlösung und wehren sich gegen übertriebene Einschränkungen von kirchlicher Seite. Zu ihnen gehörten auch Ami Perrin, der vor Jahren Calvin zur Rückkehr nach Genf überredet hat, und die Favres, eine ebenfalls angesehene Genfer Patrizierfamilie. Die Fronten sind also nicht mehr so klar wie damals im Streit zwischen den Artikulanten und den Guillermins. Der Auslöser der Krise ist erschreckend banal.

Perrins Frau wird beim Tanzen erwischt, angezeigt und für einige Tage ins Gefängnis gebracht. Ein Freund der Familie, Jacques Gruet, der einen Text kursieren lässt, in dem die Pastoren mit dem Tod bedroht werden, wenn sie sich den alten Sitten Genfs nicht anpassen, wird verhaftet, gefoltert und 1547 hingerichtet. Man findet zwar in den Unterlagen Gruets einen Briefentwurf, in dem er den französischen König bittet, in Genf einzuschreiten, aber Calvins Argwohn, es handle sich um eine groß angelegte Verschwörung, bestätigt sich nicht. Calvins reaktionsschneller Versuch, mit seiner Schrift *Contre la secte fantastique de libertins qui se nomme spirituels* (1545) Klarheit zu schaffen, muss man als misslungen werten, denn Perrin wird, sehr zum Verdruss Calvins, zum ersten Bürgermeister gewählt – ein Indiz dafür, wie groß der Rückhalt dieser Gruppe in der Bevölkerung ist. Erst 1555 wendet sich das Blatt, denn bei einer Wahl verlieren die Libertins ihre Mehrheit, nicht zuletzt, weil inzwischen immer mehr ehemalige Flüchtlinge das Wahlrecht in Genf erhalten haben. Ein guter Verlierer ist Perrin allerdings nicht. Er versucht zu putschen, entreißt während eines Handgemenges dem Amtmann Pierre Bonna den Bürgermeisterstab, flieht auf das Berner Territorium und wird in Abwesenheit zum Tode verurteilt. Viele andere Anhänger werden hingerichtet, zur Abschreckung die Köpfe der Anführer mit ihren Geschlechtsteilen an den vier Ecken der Stimmbezirke der Stadt ausgestellt. Tiefstes Mittelalter, wie gesagt.

Nicht durchsetzen können sich Calvin und der Kirchenrat mit der Forderung, die Gasthäuser zu schließen und durch Abteien zu ersetzen, in denen die Gastwirte über das Einhalten der Tischgebete und die Sittlichkeit wachen sollen. Große Proteste ruft auch der Versuch hervor, die Taufnamen zu regulieren. Alle römischen Heiligen, aber auch, wie es in der Verordnung heißt, „die blöden Namen, in denen etwelche Absurdität enthalten ist, mit der man Spott treiben kann"[40], werden verboten. Als Pastoren sich während der Taufe über die von den Eltern gewünschten Namen hinwegsetzen und andere vergeben, kommt es zu Tumulten, die sich nur schwer eindämmen lassen.

In diesen Jahren ist Calvin intensiv damit beschäftigt, sich abzugrenzen. Gegen die Unentschlossenen, die formell weiterhin der katholischen Kirche angehören, aber wie die Evangelischen denken, verfasst er die Schrift *Excuse à Messieurs les Nicodémites* (1544), Rekurs nehmend auf die biblische Figur des Pharisäers Nikodemus, der heimlich zu Jesus kam, sich aber nicht öffentlich vom Glauben seiner Väter abwandte. Andere Essays kämpfen gegen den Reliquienglauben (*Traité des reliques*, 1545), gegen die Astrologie (*Avertissement contre l'astrologie qu'on appelle judicaire*, 1549), gegen die Wiedertäufer (*Brève instruction, pour armer tous bons fidèles contre les erreurs de Anabaptistes*, 1544). Von besonderem Gewicht ist der *Traités des Scandales* (1550). Jetzt greift Calvin die Gebildeten unter den Verächtern der Religion an, die Skeptiker, die Epikureer (hier zeigt sich noch einmal die frühe humanistische Stellungnahme Calvins zugunsten der Stoa und gegen Epikur), die Lukianer (Satiriker, die wie damals Lukian in seinen Satiren über die griechische Götterwelt der Religion nicht mit dem nötigen Ernst begegnen), und er argumentiert scharf gegen die gebildeten Schöngeister, die die Bibel im Vergleich mit den Klassikern als mediocker beurteilen. Der hermeneutische Schlüssel lautet, um den Stil der biblischen Schriften zu rechtfertigen: *Erniedrigung.* Gott macht sich klein, passt sich der menschlichen Sprache an, erniedrigt sich bis ans Kreuz. Diese Erniedrigung muss nach Calvin auch der Maßstab der Gläubigen sein. Kirche ist Kirche unter dem Kreuz. Wie zu Zeiten Noahs seien es zunächst nur wenige, die sich zu dieser Kirche bekennten und die für die anderen ein Skandal, ein Stein des Anstoßes blieben. Leichthändig erklärt Calvin mit dieser Interpretation, wie notwendig der Aufruhr in einer Stadt (hier: Genf) ist, wenn die Kirche als wahre Kirche Gestalt gewinnt.

Großkrisen: der Bolsec-Skandal und der Servet-Skandal

1551 kommt es zu einer schweren Krise. Hieronymus Bolsec, ein aus Frankreich stammender Arzt, ursprünglich ein Karmelitermönch, der sich in Genf niedergelassen hat, wohnt häufig den öffentlichen Zusammenkünften der Pastoren und ihrer Helfer bei. Bolsec empfindet zwar Sympathie für die Lehre Calvins, widerspricht ihm aber an zentraler Stelle: Die Lehre von der Vorsehung und der Doppelten Prädestination mache Gott zum Urheber der Sünden und damit zum Schuldigen für die Verdammung der Bösen. Kurz: Calvins Gott sei ein Tyrann. Während einer Versammlung greift Bolsec die anwesenden Pastoren an, Farel versucht, ihn zu widerlegen, dann schreitet Calvin ein, der inzwischen unbemerkt den Raum betreten hat, und hält aus dem Stegreif eine einstündige Verteidigung. Tenor: Bolsec mache einen Fehler, wenn er die Erwählung oder Verwerfung dem Glauben nachordne, denn das unterstelle, der Glaube liege in der Verfügungsgewalt der Gläubigen. Nicht ohne Arroganz weist Calvin Bolsec nach, er habe seine Schriften nicht oder zumindest nicht richtig gelesen.

Nach dem Disput wird Bolsec von einem Vertreter des Magistrats verhaftet und mit Fragen, die die Pastoren aufgelistet haben, verhört. Der Magistrat holt zusätzliche Gutachten der Nachbarkirchen aus Bern, Basel und Zürich ein. Die Antworten sind nicht ganz so eindeutig, wie Calvin sich das gewünscht hat – Zürich und Bern raten zur Mäßigung, aber die Gutachten reichen aus, Bolsec auf Lebenszeit aus Genf zu verbannen.

Überraschen muss, dass die weltliche Obrigkeit das Verfahren führt. Offensichtlich zählt inzwischen auch das Lehrstück der Doppelten Prädestination zu den zentralen Einsichten, die das politische Gemeinwesen Genfs ausmachen. Als nach der Verbannung Bolsecs 1552 erneut Vorwürfe gegen die Prädestinationslehre von dem ehemaligen Mönch Jean Trolliet mit den nahezu identischen Argumenten vorgetragen werden und als Klage beim Magistrat eingehen, entschließt sich der Magistrat, die entscheidenden Stücke der *Institutio* zu diesem Thema in der Ratsversammlung (!) zu verlesen und schließlich diese Lehre per Beschluss als heilig und in Übereinstimmung mit Gottes Wort festzuschreiben. Wer ab jetzt gegen Calvin opponiert, opponiert auch gegen den Magistrat!

Bolsec geht übrigens nach Frankreich zurück und wendet sich erneut der katholischen Kirche zu. Rhetorisch durchaus brillant, verfasst er Biografien zu Calvin *(Vie de Calvin)* und Beza, im Stil eher an Kampfschriften erinnernd. „Laut Bolsec war Calvin hoffnungslos langweilig, boshaft, blutrünstig und frustriert. Er betrachtete seine eigenen Werke als Wort Gottes und ließ sich wie Gott verehren. Nicht genug damit, daß er häufig seinen homosexuellen Neigungen erlag, nein, obendrein hatte er auch noch die Angewohnheit, sich mit jeder Frau einzulassen, die ihm über den Weg lief. Bolsec zufolge verzichtete Calvin auf seine Pfründe in Noyon, weil seine homosexuellen Aktivitäten öffentlich bekannt wurden."[41]

Besonders brisant ist der Fall Servet. Servet, gebürtiger Spanier, vielleicht konvertierter Jude, veröffentlicht bereits 1531 sein Buch *De trinitatis erroribus.* Zu dieser Zeit lebt Servet in Straßburg, aus Basel ist er bereits geflohen, wird aber von Bucer in einer öffentlichen Disputation angegangen und muss die Stadt ebenfalls verlassen. Nach seiner Flucht aus Straßburg betreibt Servet in Vienne (Département Isère) Studien der Medizin, Astrologie, der vornicänischen Patrologie, vertieft sich in kabbalistische und rabbinische Literatur. Die Summa seiner Studien veröffentlicht er unter dem Titel *Christianisimi restitutio* (Wiederherstellung des Christentums). In diesem Buch wiederholt er seine Vorbehalte gegen die Trinitätslehre, wendet sich darin aber auch entschieden gegen die Erbsünde und die Kindertaufe. Calvin hat mit Servet seit Mitte der dreißiger Jahre leidenschaftlich korrespondiert – im Nachlass Calvins befinden sich 30 Briefe –, er hat mit ihm auch über die berühmte Formulierung gestritten, die Dreieinigkeit von Vater, Sohn und Heiligem Geist sei ein „dreiköpfiger Cerberus" – also ein dreiköpfiger Höllenhund.

In ihrem Disput über die Trinitätslehre und die Erwachsenentaufe verlangt Calvin von Servet, seine *Institutio* genau zu lesen. Servet tut ihm diesen Gefallen und schickt sie mit kritischen Anmerkungen zurück. Diese Annotationen werden ihm später zum Verhängnis. Als 1553 (einige Biografen nennen als Jahreszahl 1552) das Hauptwerk Servets erscheint, gelangen einige Exemplare auch nach Genf. Ein Freund Calvins, Guillaume Trie, schickt Briefe und die mit Anmerkungen versehene *Institutio* nach Vienne aus, um Servet als Ketzer zu denunzieren. Servet wird, obwohl er Arzt des Bischofs ist, prompt verhaftet. Man macht ihm den Prozess, verurteilt ihn zum Tod, Servet kann aber fliehen, wird in Abwesenheit durch das Verbrennen seines Bildes und fünf Rollen weißen Papiers, die für seine Werke stehen, hingerichtet. Fatalerweise wendet sich Servet in seiner Not an Calvin. Ein Brief Calvins an Farel spricht Bände: „Servet hat mir kürzlich geschrieben. (…) Wenn ich Gefallen daran finde, verspricht er, hierher zu kommen. Aber ich will mich für nichts verbürgen. Denn kommt er hierher, so lasse ich ihn, wenn ich irgend etwas vermag, nicht mehr lebendig wieder fort."[42]

Der Rest ist schnell erzählt. Servet will in Neapel Zuflucht suchen, reist aber unvorsichtigerweise über Genf, er wird erkannt und verhaftet, ihm wird erneut der Prozess gemacht. Weil die Genfer Rechtsprechung verlangt, dass auch der Kläger für die Dauer des Prozesses im Gefängnis sitzt, weil er, sollte die Beschuldigung zu Unrecht erhoben worden sein, seine Schuld abgeleistet hat, beauftragt Calvin einen Schüler, Anklage zu erheben. Calvin tritt – nicht ohne Hinterlist – als theologischer Sachverständiger auf. Im Gefängnis scheint Servet seine Situation nicht richtig eingeschätzt zu haben, denn er versucht, selbst Klage gegen Calvin zu erheben, weil er hofft, dass die Libertiner ihn unterstützen. Sie tun es nur sehr halbherzig. Der Magistrat (in der Mehrzahl Libertiner) holt – eine kleine Misstrauensbekundung gegen Calvin – Gutachten aus Bern und Zürich und Verhörakten aus Vienne ein. Man entscheidet sich für die Hinrichtung. Der Magistrat gelangt auch deshalb zu diesem Urteil, weil die Leugnung der Trinität als

Angriff auf das Gemeinwesen angesehen wird. „Auch der Rat war überzeugt, daß es um das Wesen des christlichen Glaubens selbst gehe. Seit das von Justinian erlassene Zivilrecht in Kraft getreten war, war das Bekenntnis zur Dreieinigkeit als ein wesentlicher Bestandteil des christlichen Glaubens anerkannt. Wer davon abwich, galt als Feind des Gemeinwesens selbst."[43]

Richtig also ist, dass Calvin nicht allein die Schuld an der Hinrichtung Servets trägt. Aber die allzu versöhnliche Behauptung von van't Spijker (2001), Calvin habe die brutale Form der Hinrichtung, die Verbrennung bei vollem Bewusstsein, verhindern wollen, macht die Schuld nicht geringer. Und auch François Wendel relativiert diese Barbarei allzu versöhnlich mit dem Hinweis: „Calvin war davon überzeugt, und diese Überzeugung teilten mit ihm alle Reformatoren, daß es die Pflicht einer christlichen Obrigkeit sei, Gotteslästerer, die die Seele töten, ebenso mit dem Tode zu bestrafen wie Mörder, die den Leib töten."[44] Melanchthon übrigens, der Vertraute Luthers, gibt Calvin recht und mit ihm viele andere. Das macht die Sache nicht besser. Barbarei ist Barbarei. Theologischer Terrorismus bleibt Terrorismus. Man wird hier ohne Abstriche Stefan Zweig zitieren müssen:

„Der Tod am Brandpfahl durch langsames Rösten bei kleinem Feuer ist die martervollste aller Hinrichtungsarten; selbst das als grausam berüchtigte Mittelalter hat sie nur in den seltensten Fällen in ihrer ganzen grauenhaften Langsamkeit angewendet; meist wurden die Verurteilten noch vorher an dem Pfahle erdrosselt oder betäubt. Gerade diese scheußlichste, diese fürchterlichste Todesart aber ist für das erste Ketzeropfer des Protestantismus vorgesehen, und man kann verstehen, daß Calvin nach dem Aufschrei der Entrüstung in der ganzen humanen Welt alles versuchen wird, um nachträglich, sehr nachträglich die Verantwortung für diese besondere Grausamkeit bei Servets Ermordung von sich wegzuschieben. Er und das übrige Konsistorium hätten sich bemüht, erzählt er (als Servets Leib längst in Asche zerfallen war), die martervolle Todesart der Röstung bei lebendigem Leib in die mildere des Schwerts umzuwandeln, aber ‚ihre Mühe sei vergebens gewesen' (‚genus mortis conati sumus mutare, sed frustra'). Von einer solchen angeblichen Bemühung ist nun in den Ratsprotokollen kein Wort zu finden, und welchem Unterfangen wird es auch glaubhaft erscheinen, daß Calvin, der doch allein diesen Prozeß erzwungen und geradezu mit der Daumschraube dem fügsamen Rate das Todesurteil gegen Servet abgerungen, daß ebendieser Calvin mit einem Mal eine zu einflußlose, zu machtlose Privatperson in Genf gewesen sei, um nicht eine menschlichere Art der Hinrichtung durchsetzen zu können? Zwar ist es buchstäblich richtig, daß Calvin tatsächlich eine Milderung der Todesart für Servet ins Auge gefaßt hatte, aber freilich nur (und hier liegt die dialektische Verschiebung seiner Behauptung) für den einen und einzigen Fall, daß Servet diese Milderung mit einem sacrificio d'intelleto, mit einem Widerruf in letzter Stunde erkaufe; nicht aus Menschlichkeit, sondern nur aus nackter politischer Berechnung wäre Calvin dann – zum erstenmal in seinem Leben – milde gegen einen Gegner gewesen. Denn welcher Triumph für die Genfer Lehre, wenn man Servet noch einen Zoll vor dem Brandpfahl das Geständnis hätte entreißen können, er sei im Unrecht und Calvin im Recht! (…)

Inzwischen haben die scheußlichen Vorbereitungen begonnen. Schon ist das Holz um den Pfahl gehäuft, schon klirrt die Eisenkette, mit der Servet an den Pfahl gehängt werden soll, schon hat der Henker dem Verurteilten die Hände gebunden. Da drängt sich noch einmal, zum letzten Mal, Farel an Servet heran, der nur noch leise seufzt: ‚O Gott, mein Gott', und ruft ihn laut an mit den grimmigen Worten: ‚Hast du nichts anderes zu sagen?' Noch immer hofft der Rechthaberische, im Anblick des Marterpfahles werde Servet die einzig wahre, die calvinistische Wahrheit bekennen. Aber Servet antwortet: ‚Was könnte ich anderes tun als von Gott sprechen?' Enttäuscht läßt Farel von seinem Opfer. Nun hat nur mehr der andere Henker, der leibliche, seinen scheußlichen Dienst zu tun. Mit einer Eisenkette wird Servet an den Pfahl gehängt, ein Seil vier- oder fünfmal um den ausgemergelten Körper gewunden.

Zwischen den lebendigen Leib und den grausam einschneidenden Strick pressen dann noch die Folterknechte das Buch und jenes Manuskript, das Servet seinerzeit sub sigillo secreti an Calvin gesandt, um dessen brüderliche Meinung zu erbitten; schließlich drückt man ihm zum Hohn noch eine widrige Leidenskrone auf das Haupt, einen Kranz von Laub, der mit Schwefel getränkt ist. Mit dieser allergrausamsten Vorbereitung ist die Arbeit des Henkers vollendet. Nun braucht er bloß mehr den Holzstoß anzuzünden, und der Mord hat begonnen. Als die Flammen von allen Seiten aufschlagen, stößt der Gemarterte einen so gräßlichen Schrei aus, daß die Menschen sich für einen Augenblick schaudernd abwenden. (…) Aber wo ist Calvin in dieser Schreckensstunde? Er ist, um unbeteiligt zu scheinen oder um seine eigenen Nerven zu schonen, vorsichtig zu Hause geblieben, er sitzt bei verschlossenen Fenstern in seiner Studierstube, dem Henker und dem brutaleren Glaubensbruder Farel das grausame Geschäft überlassend."[45]

Süffisant kommentiert Cottret das Ende Servets: „Bevor er den Geist aufgibt, leistet er sich noch einen schrecklichen syntaktischen Fehler; soll er doch ausgerufen haben: ‚O Jesus, Sohn des ewigen Gottes, hab Erbarmen mit mir.‘ Anstatt zu sagen, wie es sich gehört: ‚O Jesus, ewiger Sohn Gottes.‘ Sein Martyrium resultierte aus der Stellung eines einzigen Adjektivs. Ketzerei ist stets nur eine Frage der Grammatik."[46]

Machtsicherung und Abschied

Jetzt. Jetzt ist Calvin auf dem Höhepunkt der Macht. Ihm bleiben zehn Jahre, seine Macht zu sichern und Genf zu einer Lebensform seiner Vorstellung umzugestalten. Zunächst findet Calvin einen Modus Vivendi im Umgang mit Bern. Die inzwischen aus Genf vertriebenen Libertiner, die in Bern anstranden, belasten die Beziehung zwischen beiden Städten. Es ist nur dem Außendruck der politischen Situation – Bern und Genf werden erneut von Savoyen bedrängt – zu danken, dass der 1556 auslaufende Vertrag über die beiderseitigen Beziehungen nach vielem Hin und Her schließlich 1558 als „ewiger Bund" erneuert wird. Zwar sind damit die Libertiner politisch besiegt, aber theologisch hält Bern Distanz zur Prädestinationslehre und zum Abendmahlsverständnis.

In Genf ist Calvins Ansehen umso größer. Durch den Zuzug französischer Flüchtlinge, die zur Prosperität der Stadt gewaltig beitragen und die Einwohnerzahl um mehrere Tausend hochschnellen lassen, wird Calvins Machtposition immer stabiler. Die 1561 in Kraft tretende neue Kirchenordnung stärkt Calvin. Auch die bürgerlichen Gesetze werden überarbeitet und verschärft. Um es vorsichtig zu formulieren: In Genf entwickelt sich keine Spaßgesellschaft. Essen, Kleidung, Feiern – alles bleibt dezent. (Man kann auch sagen grau.)

Uneingeschränkt positiv ist die Errichtung der Akademie (1559) zu bewerten. Calvin organisiert sie nach dem Modell, das er in Straßburg kennengelernt hat: Sie gliedert sich in *schola privata* (Gymnasium) und *schola publica* (Akademie). Ihr erster Rektor wird Theodor Beza, bisher Griechischprofessor in Lausanne. Im Mittelpunkt steht die Theologie, aber es werden auch – durchaus typisch für Calvin – die klassischen Texte ausgiebig traktiert. 1564 besuchen bereits 1200 Schüler das Gymnasium und 300 Studenten aus ganz Europa die Akademie. Zu den Studenten gehört auch Kasper Olevian, der später zusammen mit Zacharias Ursin den *Heidelberger Katechismus* verfasst. Nach dem Tode Calvins wird Beza der Akademie eine juristische und medizinische Fakultät hinzufügen.

1559 veröffentlicht Calvin seine überarbeitete *Institutio,* die wiederum beträchtlich an Umfang gewonnen hat. Trotz aller Polemik – ein pastoraler Grundton überwiegt. Dieses Buch ist sein Testament. Daran muss sich halten, wer Calvin verstehen und kritisieren will.

In den letzten Jahren seines Lebens erfährt Calvin, wie der reformierte Glaube sich immer stärker ausbreitet. 1555 wird in Paris eine reformierte Kirche gegründet, 1559 tagt im Mai, nach der desaströsen Niederlage der Franzosen gegen die Spanier bei St. Quentin (August 1557) und dem Friedensvertrag im April, die erste Nationalsynode.

Calvin nimmt frühzeitig (1548) Kontakt zu den Anglikanern auf, macht Reformvorschläge zur Restrukturierung der Kirche. In den Niederlanden, Dänemark, Schottland, in Norddeutschland bilden sich reformierte Gemeinden. Die Eroberung der Neuen Welt wird weitgehend den englischen Puritanern überlassen, die partiell von Calvin beeinflusst sind.

Schwierig gestaltet sich die Einigung der reformierten Kirchen. Calvin verhandelt intensiv mit Bullinger, dem Nachfolger Zwinglis in Zürich. Die Verhandlungen ziehen sich über zehn Jahre hin. Im sogenannten *Consensus Tigurinus* von 1549 kommt es zu einer sehr vorsichtigen Einigung in der Abendmahlsfrage. (Calvin geht als hauchdünner Gewinner aus dieser Debatte hervor.)

Noch schwieriger ist die Annäherung an die Lutheraner. Deren Stimmführer ist der Hamburger Pastor Joachim Westphal – auf ihn geht übrigens auch die Prägung des Namens Calvinismus zurück. Er wendet sich gegen den *Consensus* und verschärft die Polemik in der Abendmahlsfrage. Die Wogen schlagen, auch sprachlich, sehr hoch. Man wirft sich viele Freundlichkeiten an den Kopf. Calvin verteidigt sich mehrfach, bietet Gespräche an, die ausgeschlagen werden. Zu einer Annäherung kommt es letztlich nicht. Die Einigung bleibt Stückwerk.

Bereits 1555 verschlechtert sich Calvins Gesundheitszustand. Zu den Migräneanfällen kommen eine Rippenfellentzündung, Wechselfieber, quälende Hämorrhoiden, er spuckt Blut, man diagnostiziert eine Lungentuberkulose, dazu kommen Nierenkoliken, er ringt mit einem haselnussgroßen Nierenstein. 1558 kann er monatelang seinen Geschäften nicht nachgehen. Daneben quälen ihn Gicht, Harngrieß, Gesäßschmerzen, Mastdarmwürmer, Atemnot, Schmerzen in den Lenden, verschleimte Lungen. Diese Krankheiten machen den Umgang mit ihm oft schwierig, häufig wirkt er niedergeschlagen, sogar verdrossen, obwohl er immer wieder die Krankheiten als Züchtigungen Gottes zu verstehen vorgibt. Als der Gesundheitszustand sich weiter verschlechtert, entschließt sich Calvin zu einem letzten gemeinsamen Mahl mit seinen

Freunden, das Beza mit sehr warmen Worten schildert: „Am Freitag, dem 19. Mai (1564), dieweil nach dem Brauche dieser Kirche alle Geistlichen sich versammeln, um ihren Lebenswandel und ihre Lehre gegenseitig zu tadeln, wonach sie zum Zeichen der Freundschaft ihre Mahlzeit gemeinsam einnehmen, ließ er zu, daß das Abendessen in seinem Hause stattfand, und nachdem er sich in einem Stuhl zu ihnen hatte tragen lassen, sprach er beim Eingang die Worte: ‚Meine Brüder, ich besuche euch zum letzten Mal, denn ich werde nicht noch einmal zu Tische kommen.‘ Dies war uns ein beklagenswerter Beginn, wenngleich er selber das Gebet sprach, so gut er konnte, und uns aufzuheitern trachtete, dabei aber nur wenig essen konnte. Jedoch vor Ende des Mahls zog er sich zurück und ließ sich wieder in sein Schlafgemach tragen, das gleich nebenan war, indem er mit der heitersten Miene, deren er fähig, die Worte sprach: ‚Eine Zwischenwand wird mitnichten verhindern, daß ich im Geiste mit euch verbunden bin.‘“[47]

An die alte Tradition einer Abschiedsrede anschließend, wie sie im Alten Testament etwa Moses an die Stämme Israels hält[48] oder im Neuen Testament Jesus an seine Jünger[49] und Paulus an die Ältesten von Ephesus[50], aber fraglos auch Bezug nehmend auf das Abschiedsgespräch des Sokrates vor seiner Hinrichtung im Dialog *Phaidon,* hält der todkranke Calvin vor dem Kleinen Rat (27. April 1564) und einen Tag später vor den Genfer Pfarrern seine Abschiedsreden. Den Kleinen Rat ermahnt er, wie es in dem überlieferten Bericht heißt, nachdem er von eigener Schwäche und Fehlern gesprochen hat, immer daran zu denken, „daß Gott geehrt werden will und sich vorbehält, die Staaten und alle Städte zu erhalten, und darauf besteht, ihm die Ehre zu erweisen in der Anerkenntnis, ganz und gar von ihm abhängig zu sein. Er führte das Beispiel Davids an, der bekennt, sich während einer Friedenszeit in seinem Königreich so sehr vergessen zu haben, daß er beinahe tödlich gestrauchelt wäre, wenn Gott kein Erbarmen mit ihm gehabt hätte.“[51]

Auch in der Rede an die Pfarrer spricht Calvin zuerst von den eigenen Fehlern, erinnert an die schweren Jahre, beteuert,

*1564:
Calvin
stirbt*

er habe keine einzige Stelle der Schrift wissentlich verdreht oder falsch ausgelegt, ermahnt seine Kollegen, seinen Nachfolger Beza zu unterstützen und zu entlasten, Streit zu vermeiden, den Verpflichtungen der Stadt gegenüber nachzukommen und „nichts zu verändern oder Neues einzuführen. Oft verlangt man nach Neuerungen. Nicht als ob ich das aus Ehrgeiz um meinetwillen wünsche, damit meine Einrichtungen fortbestehen und man sie beibehält, ohne etwas Besseres anzustreben, sondern deshalb, weil alle Änderungen gefährlich sind und bisweilen Schaden anrichten.“ [52]

Beza schildert auch die Wirkung, die der Tod Calvins in Genf auslöst: „Einige wünschten nochmals sein Antlitz zu sehen, als könnten sie von dem Toten so wenig lassen, wie von dem Lebenden. Es gab auch etliche Fremde, die von weit her gekommen waren, um ihn zu sehen, und als sie das nicht mehr konnten, weil man nicht angenommen hatte, daß er so bald sterben müsse, wünschten sie ihn seltsamerweise ganz tot zu sehen, wie er war, und baten inständig darum. Doch um allem verleumderischen Gerede vorzubeugen, ward er gegen acht Uhr morgens in ein Leichentuch gehüllt und etwa um zwei

Uhr nachmittags, wie er es gleichfalls angeordnet hatte, auf die übliche Weise ohn Pomp und irgendwelch Gepräge zum allgemeinen Friedhof getragen, der da heißt Plainpalais, wo er heute liegt und der Auferstehung wartet, die er uns gelehrt und auf die er so beharrlich gehofft. Es folgten dem Leichnam die meisten Bewohner der Stadt und Leute aus allen Ständen, die ihn um so länger betrauerten, als wenig Wahrscheinlichkeit ist, daß sich wettmachen ließe, zumindest für lange Zeit, ein solcher und so schmerzlicher Verlust."[53]

Calvin stirbt am 27. Mai 1564.

Der Glaubensarchitekt

Das Buch der Bücher des Jean Calvin

Über die Fettsucht von Büchern

Wer Calvin sagt, sagt immer auch *Institutio.* Diese *Institutio* ist sein Lebenswerk. Mit ihr ist er aufgestanden und zu Bett gegangen. Sie hat sich im Laufe der Jahre immer weiter ausgewachsen. Je magerer er wurde, umso umfänglicher wurde die *Institutio,* als würde alle Kraft in dieses Werk eingehen und seinen Meister aufzehren. Als sie im März 1536 erstmals erscheint, ist sie ein kleinformatiges Werk von 513 Seiten, ein Taschenbuch im Wortsinn. Aber bereits hier herrscht der souveräne Calvin'sche Sound.

Obwohl die erste Auflage sehr schnell vergriffen ist, erscheint die neue Ausgabe erst 1539, jetzt ist es ein prächtiger Folio-Band mit elf neuen Kapiteln. Die ersten zwei Kapitel behandeln fundamentaltheologisch die Verschränkung von Gotteserkenntnis und Selbsterkenntnis. Ausführlich wird die Trinitätslehre traktiert, offenbar eine Folge seiner Auseinandersetzung mit Caroli und den Wiedertäufern. Ebenfalls mit Blick auf die Wiedertäufer folgen ein Kapitel über die Zusammengehörigkeit von Altem und Neuem Testament, eine Verteidigung der Kindertaufe, ein Kapitel über die Bedeutung der Schrift, die Bedeutung der Heiligung und die Verwerfung der Lehre vom Tausendjährigen Reich. Zum ersten Mal nimmt Calvin in seine *Institutio* ein Kapitel über die Prädestination auf – obwohl der große Melanchthon in seinem Hauptwerk *Loci communes* eine Beschäftigung mit diesem Thema sehr vornehm als „unnütz" denunziert hatte. Die *Institutio* schließt mit einem sprachlich fein austarierten Kapitel über das christliche Leben.

Diese zweite Ausgabe dokumentiert den theologischen Fortschritt, den Calvin, der berühmteste Seiteneinsteiger des Protestantismus, inzwischen gemacht hat. Jetzt ist die *Insti-*

tutio nicht mehr nur eine Apologie und für den kirchlichen Unterricht bestimmt, jetzt orientiert sich Calvin selbstbewusst an Melanchthon. Calvins Paulus-Studien, ausführliche Arbeiten zu den lateinischen und griechischen Kirchenvätern, aber auch zu Platon finden jetzt Eingang, obwohl die systematische Durchdringung noch nicht ganz gelöst scheint, denn alle Fragen zur Gotteserkenntnis sind noch nicht im ersten Kapitel vereint und die Abschnitte zur Prädestinationslehre sind noch nicht organisch verknüpft.

1541 erscheint eine französische Übersetzung – ob es bereits von der ersten Ausgabe eine französische Übersetzung gegeben hat, ist in der Forschung umstritten. François Wendel nennt es ein „Meisterwerk. Zum erstenmal erschien ein originales theologisches Werk in französischer Sprache, und zwar in einem zugleich eleganten und doch sehr persönlichen Französisch, das die Sprache bis tief ins 17. Jahrhundert mitgestalten sollte." Für die nur französisch sprechenden Reformierten wurde es das „grundlegende Lehrbuch der Dogmatik"[54].

1543 publiziert Calvin eine neue lateinische, 1545 eine neue französische Ausgabe. Und nochmals wird der Inhalt um vier Kapitel auf 21 Kapitel erweitert. Das Apostolikum ist jetzt auf vier Kapitel verteilt, neu hinzu kommen ein Kapitel über die Gelübde und die Tradition. Ab der Ausgabe von 1550 werden die Kapitel in Paragrafen unterteilt, neu ist auch ein Abschnitt über das Gewissen. Die ein Jahr später erscheinende französische Übersetzung fügt – aufregend spät – Abschnitte über die Auferstehung des Fleisches ein.

Den Abschluss bilden die Ausgaben von 1559 und die französische Ausgabe von 1560. Jetzt bekommt jeder Abschnitt seine letzte konsequente logische Gestalt. Noch einmal wächst der Umfang beträchtlich: Das Werk enthält vier Bücher mit insgesamt 80 Kapiteln. Es ist *das* System des Protestantismus, eine pietatis summa. Das erste Buch thematisiert die Erkenntnis Gottes „als Schöpfer und Herr der Welt"; Buch 2 handelt von der Erkenntnis Gottes als des „Erlösers in Jesus Christus", Buch 3 beschreibt, „auf welche Art wir der Gnade Gottes teilhaftig werden, was für Früchte uns daraus erwachsen und was für Wirkungen sich daraus ergeben", Buch 4 schließlich handelt „von den äußeren Mitteln oder Beihilfen, mit denen uns Gott zu der Gemeinschaft mit Christus, seinem Sohn, einlädt und in ihr erhält".

Der Text dieser Ausgabe spiegelt – nahezu auf jeder Seite – die Auseinandersetzung Calvins mit seinen Gegnern: Servet, den Libertinern, auch den Lutheranern. Zumindest äußerlich hält sich die *Institutio* an den Aufbau des Glaubensbekenntnisses – überzeugender ist vielleicht eine andere Reihung: Der erste Teil konzentriert sich auf die Gotteslehre, die Schriftoffenbarung, den Menschen, der zweite Teil (Buch 2 – 4) bearbeitet die Offenbarung in Jesus Christus und das ganze Heilswerk. Die Erkenntnis Gottes als Schöpfer und die Erkenntnis Gottes als Erlöser gehören zusammen.

Stilistisch hat das Werk nicht mehr die Brillanz der Ausgabe von 1543, oft herrscht ein unterschwellig polemischer Tonfall vor. Und trotzdem: Die *Institutio* gilt seitdem als Monument des Calvinismus. Gleichermaßen Katechismus, Apologie (und Apologetik) und Erbauungsbuch, zeigt sich Calvin als Genie der Ordnung. Ich will in diesem Essay die innere Dramatik seines Hauptwerkes kurz nachzeichnen.

Der Grundriss der Institutio

Buch 1: Von der Erkenntnis Gottes als des Schöpfers
Bereits der erste Satz gibt die Richtung seines Denkens vor: „All unsere Weisheit, sofern sie wirklich den Namen Weisheit verdient und wahr und zuverlässig ist, umfaßt im Grunde eigentlich zweierlei: Die Erkenntnis Gottes und unsere Selbsterkenntnis… (Der) Mensch (kann) auf keinen Fall dazu kommen, sich selbst wahrhaft zu erkennen, wenn er nicht zuvor Gottes Angesicht geschaut hat und dann von dieser Schau aus dazu übergeht, sich selbst anzusehen."[55]

Gott ist für Calvin der im Vergleich zum Menschen entschieden Andere. Weil er aber der entschieden Andere ist, kann man ihn auch nur „durch ihn selbst erkennen"[56]. Quelle dieser

Erkenntnis ist gut reformatorisch die Offenbarung im Wort. „Wir lassen ihm aber, was ihm gebührt, wenn wir ihn so verstehen, wie er sich uns offenbart hat, und wenn wir über ihn an keiner anderen Stelle Kunde suchen, als in seinem Wort."[57] Ziel kann es nur sein, ein „Schüler der Schrift"[58] zu werden.

Es kommt alles darauf an zu verdeutlichen, was Calvin unter Erkenntnis (cognitio) versteht. Auffallend ist zunächst die antihumanistische Stoßrichtung, mit der die *Institutio* anhebt: Wahre Erkenntnis über das eigene Selbst gibt es nur von Gott her. Ein zweiter Punkt kommt hinzu: Über Gott kann man nicht wie in einem philosophischen Traktat tändelnd und abstrakt reden, hier geht es nicht um eine gelehrte Wissensanhäufung, sondern um die entscheidende existenzielle Frage: Wie steht es um mich? Und die lässt sich nach Calvin nur im Rekurs auf Gott beantworten, über dessen Existenz er nicht weiter räsoniert. Gottesbeweise hält er für überflüssig, weil, wie er apodiktisch betont, die Gotteserkenntnis dem Menschen innerlich von Natur eingepflanzt sei.

Nochmals: Zu Gott gelangt der Gläubige angemessen nur über die Schrift. Wie aber kann die Schrift, die doch zunächst nur ein historisches Dokument zu sein scheint, diese Erkenntnis vermitteln? Jetzt kommt der Heilige Geist ins Spiel: Der Heilige Geist bezeugt in der Seele der Leser die Echtheit und Wahrheit der Schrift. Die Bibel wirkt – so die Pointe – wie eine Brille! Der Geist hat die Schriftsteller der Bibel (später heißt es, sie seien „vereidigte Notare des Heiligen Geistes"[59]) inspiriert und inspiriert auch die Leser. *Autorinspiration* und *Leserinspiration* gehören also zusammen.

Mit dieser Verschränkung grenzt sich Calvin trennscharf von zwei konkurrierenden Positionen ab: Es bedarf einerseits nicht der Autorität und der Tradition der katholischen Kirche, um die Autorität der Schrift zu stützen. Und gegen die Spiritualisten darf der Geist nicht wehen, wo er will, sondern wird in den biblischen Texten als Heimat des Geistes aufgesucht. Milde weist Calvin auch Luther in die Schranken, der die Schriften danach bewertete, was „Christum treibet". Für Calvin sind alle Bücher des Kanons wichtig, und selbstredend auch die Bücher des Alten Testaments. Diese Grundüberzeugung macht seinen Streit verständlich, den er in Genf um die Kanonizität des Hoheliedes ausgefochten hat.

Obwohl er die Inspirationslehre hochhält, ist Calvin nicht, was ihm oft fälschlich nachgesagt wird, ein Anhänger der Verbalinspirationslehre, die behauptet, dass jedes Wort im strikten Sinn Wort Gottes sei. Calvin ist gelernter Humanist und weiß, dass Stil- und Formfragen zulasten der Autoren gehen und Missverständnisse hervorrufen können. Die Bibel, so seine Lieblingsmetapher, ist ein Spiegel – wie auch Christus ein Spiegel Gottes ist – und kann Wahrheiten spiegelverkehrt darstellen.

Was Calvin über die biblisch tradierten Gottesvorstellungen sagt (die Bibel schreibt Gott häufig Ohren und Mund zu), trifft in gewissem Sinn auf die ganze Bibel zu: An solchen Stellen redet Gott mit uns kindlich, „wie Ammen mit den Kindlein tun! Solche Ausdrücke wollen deshalb nicht etwa klar darlegen, wie denn Gott beschaffen sei, sondern vielmehr seine Erkenntnis unserer Schwachheit anpassen. Damit das aber möglich ist, muss Gott tief unter seiner Erhabenheit heruntersteigen."[60] *Heruntersteigen:* Diese Denkbewegung scheint mir für Calvin zentral zu sein. Gott in seiner Erhabenheit, Gott in seiner Majestät[61], steigt herunter, macht sich klein, passt sich bis zur Babysprache der Erkenntniskraft der Menschen an. Theologisch gesprochen geht es um die *Kenosis,* das Kleinmachen, Herabsteigen, es geht um eine Begegnung auf Augenhöhe. Calvins Theologie ist von Anfang an eine *kenotische Theologie.* Diesen Sachverhalt muss man immer im Auge behalten, wenn man über Calvins Gottesbegriff nachdenkt. Calvins Gott ist ein souveräner und erhabener, aber zugleich auch ein kenotischer Gott, der sich dem Verstehen der Menschen anpasst. Er ist, so seine Lieblingsmetapher, ein sorgender Vater. Mit dieser Pointe gelingt es Calvin auch, die leise Arroganz der Humanisten, die die Bibel oft als stilistisch zweitklassig verunglimpft haben, bloßzustellen.

Calvins Lesefrömmigkeit lässt nicht vermuten, dass er (mit Einschränkungen) ein Anhänger einer natürlichen Gotteserkenntnis ist – und der Nachmieter im Denken Calvins, Karl

Barth, hat diesen Gedanken prompt aus dem System heraus-geschnitten. Doch Calvin bejaht durchaus den Gedanken, dass Gott sich in der Natur, in der natürlichen Evolution und in der Geschichte zeige. Allerdings schränkt er im gleichen Atemzug den Erfolg der natürlichen Gotteserkenntnis ein, weil er nicht einen einzigen Philosophen nennen könne, in dem die natürliche Gotteserkenntnis „zur Reife käme"[62]. Sie kann, recht verstanden, auch nicht zum Reifen kommen, weil durch den Sündenfall die Wahrnehmung Gottes getrübt ist. Einerseits ist sie da, und der Mensch (auch der Mensch vor Christi Geburt) ist durch nichts zu entschuldigen, andererseits ist sie durch den Sündenfall verdunkelt, deshalb auch bringt ein Philosoph es bei größter Anstrengung nicht zu einer klaren Gotteserkenntnis. Gelüftet wird der Schleier nur durch die Offenbarung in Jesus Christus.

Überraschen muss noch ein anderer Punkt: Obwohl Calvin lesefromm argumentiert, hält er die *Trinitätslehre* hoch, die doch keinen unmittelbaren Rückhalt im biblischen Text hat. Mit Verlaub: Die biblischen Begründungen, die Calvin anführt, sind oft sehr gewunden und wenig überzeugend. Aber wahrscheinlich haben die Auseinandersetzungen mit Caroli und Servet ihn zu der Überzeugung gebracht, dass man die Gottheit des Sohnes nur angemessen im Rahmen der Trinitätslehre darstellen kann. Offensichtlich hat sich Gott in der Bibel in Fragen der Trinitätslehre nicht hinlänglich der Babysprache angepasst: „Wir müssen vielmehr ein gewisses Maß halten, und aus der Schrift ist eine sichere Regel für Denken und Reden zu entnehmen, nach der sich alles Sinnen unseres Geistes und alles Reden unseres Mundes zu richten hat. Aber was verbietet uns denn, das mit klaren Worten zu entfalten, was in der Schrift für unser Fassungsvermögen schwierig und verwickelt ist?"[63] Um das Wagnis in Grenzen zu halten, bleibt Calvin in seiner Behandlung der Trinitätslehre bis in die Formulierungen hinein der Tradition beinahe ängstlich treu. Klarheit liest sich anders.

Die Erschaffung der Welt und der Menschen, in denen nach Calvin die Dreieinigkeit involviert ist, hat als Zweck und Ziel den Menschen. Calvin unterstreicht sehr nachdrücklich, Gott habe die Schöpfung auf den Menschen hin entworfen. Darum wiegt der Sündenfall des Menschen als Krone der Schöpfung besonders schwer. „Wenn der Mensch das Nahziel der Schöpfung ist, so ist doch wie bei jeder Äußerung des göttlichen Willens die Selbstverherrlichung Gottes die eigentliche Finalursache. Die Ehre Gottes erscheint so als ein Fernziel, das den unmittelbaren Zweck der Schöpfung, den Menschen, überlagert. Ob die Menschen gut oder böse sind, sie müssen alle zum Glanz der Herrlichkeit Gottes beitragen."[64] Hier wird man nachfragen müssen, wie diese *Gotteslehre der Herrlichkeit*, die Theologie spricht von Doxologie, mit der *Gotteslehre der Erniedrigung*, der Kenosis, zusammenhängt.

Zur Schöpfung rechnet Calvin auch die unsichtbare geistige Welt, also einerseits die Engel, die in der *Institutio* auffallend ausführlich verhandelt werden, um auszuschließen, die Engel seien Urheber des Guten, andererseits die (!) Teufel, sowie die geschaffene, aber unsterbliche Seele. Die Stellen zur Unsterblichkeit der Seele, die Sitz der Herrlichkeit Gottes ist, dokumentieren noch einmal ganz entschieden, wie stark Calvin hier noch immer im Fahrwasser Platons unterwegs ist. Wohl nicht zufällig hat er sehr spät in die *Institutio* den Gedanken der leiblichen Auferstehung aufgenommen.

Die Gotteslehre verhandelt gegen Ende auch die *Vorsehung*. Die Intention ist nachvollziehbar, die Lösung allerdings hochproblematisch. Gott, so die These, kümmert sich als unumschränkter Herr der Welt auch weiterhin um seine Schöpfung, ist „Lenker und Erhalter"[65]. Calvin unterscheidet zwischen einem allgemeinen Wirken, den Gesetzen, die Gott als Schöpfer seiner Schöpfung mitgegeben hat, und einer besonderen Vorsehung, die noch einmal aufgefächert wird als Eingriff Gottes in das Leben aller Menschen und als Eingriff in das Leben der Gläubigen, sprich: als Zeugnis des Heiligen Geistes. Gegner Calvins haben durchaus hellsichtig den problematischen Punkt dieser Lehre erkannt: Wenn Gott alles lenkt und regiert, wenn, wie Calvin sagt, Gott sich der Gottlosen und des Teufels bedient, um „seine Gerichte zu vollstrecken"[66], ist er dann nicht auch Urheber des Bösen und sind die Gottlosen streng genommen nicht verantwortlich für das, was sie getan haben?

Buch 2: Von der Erkenntnis Gottes als des Erlösers in Christo
Mit dem zweiten Buch startet das umfängliche Drama der Erlösung, die in einem ersten Schritt eine Erkenntnis der eigenen Situation verlangt. Und diese Situation ist desaströs. Es gibt nichts zu beschönigen. Calvin ist ein konsequenter anthropologischer Pessimist. Aus eigener Kraft kann der Mensch, wenn er Einblick in seine Situation bekommen hat, nichts bewirken. How to simplify your life? Leider gibt's keine Rezepte.

In verschärfter Form taucht die Frage nach dem Ursprung des Bösen noch einmal auf. Calvin will beides: Er behauptet, dass der Mensch, wörtlich: Adam, aus freiem Willen und damit selbstverantwortlich ins Verderben gestürzt sei, weil nur dann für alle späteren Menschen dieses Beispiel Anlass zur Demut gebe, andererseits habe Gott auch diesen Fall durch seinen Ratschluss vorherbestimmt, weil er den Fall als zweckmäßig ansehe, damit die unverdiente Gnade desto stärker leuchte. Eine überaus komplizierte Dialektik!

Adam sündigt nach Calvin aus Untreue, verbunden mit Stolz. (Die augustinische Tradition spricht eher von Selbstliebe, amor sui.) Dieser Stolz ist Folge einer falschen Selbsteinschätzung, weil das Gute, das Adam zunächst geschaffen hat, nur eine Folge der von Gott geschenkten Gaben war. Adam ist undankbar und verletzt damit die väterliche Ehre. Durch den Fall oder die Ursünde wird vor allem der Wille (weniger der Verstand) zu einem bösen Willen. Er ist frei nur noch insofern, als er zwischen sündigen Taten wählen kann. Streng genommen ist der freie Wille also eine Schimäre. Der Wille jedes Menschen ist, so die zentrale Aussage, durch die Erbsünde betroffen.

Wenn die Situation aber so verfahren ist, dann bedarf es der Abhilfe. Gott hat, das ist die Prämisse, sein Interesse an den Menschen nicht verloren, sondern mit seinem Volk immer wieder ein Abkommen, einen Bund, geschlossen. Gemeint sind damit die Gesetze, die die „Hoffnung auf das Heil in Christus bis zu seinem Kommen (…) bewahren"[67] sollten.

Das Zeremonialgesetz (rituelle, kultische Gesetze) und das richterliche Gesetz treten in ihrer Bedeutung erst durch das Auftreten Christi zugunsten des Sittengesetzes (Zehn Gebote) zurück. Calvin unterscheidet mit Melanchthon einen dreifachen Gebrauch dieses Sittengesetzes. Das Gesetz ist zugleich ein Sündenspiegel, der den Menschen zur wahren Selbsterkenntnis als Sünder führt. Der politische Gebrauch dient der staatlichen Durchsetzung von Recht und Ordnung. Entscheidend für Calvin ist der dritte Gebrauch, der Gebrauch in dem Wiedergeborenen: Das Gesetz dient dazu, den Gläubigen den rechten Weg zum Heil zu weisen.[68]

Nochmals: Christus ist zwar das Ende des Gesetzes, aber damit sind nach Calvin lediglich das Zeremonialgesetz und die juristische Gesetzgebung Judäas und Israels gemeint. Ihre ehemalige Bedeutung wird allerdings erst durch Jesu Leben deutlich: Jetzt zeigt sich, wie diese Gesetze Gottes Treue abbildeten. Das biblische Zeugnis auch des Alten Testaments dient der Hinführung auf Jesus Christus. Auch an dieser Stelle zeigt sich: Wie kein anderer Reformator ist Calvin ein Anwalt des Alten Testaments.

Wie in der Trinitätslehre bleibt Calvin in seiner *Christologie* zunächst im Fahrwasser der Tradition. Das Dogma der Zweinaturenlehre – wahrer Mensch und wahrer Gott (festgeschrieben im sogenannten Chalcedonense 451) – wird vollständig übernommen. Als Gott hat Christus die Fähigkeit zur Versöhnung, als (sündloser) Mensch hat er die Verpflichtung zur Versöhnung. In seiner Person gibt es zwei Naturen, die – unvermischt und unverändert, ungeteilt und ungetrennt (so die komplizierte Formulierung) – ihre jeweilige Aufgabe erfüllen müssen. Nur an einer Stelle führt Calvin eine Änderung zur Tradition ein. Wenn man den Gedanken der Menschlichkeit radikal ernst nimmt, dann darf man diesen Gedanken auch nicht so pressen, dass dem Menschen Jesus Prädikate wie die Allgegenwart zugeschrieben werden. Nur die göttliche Natur in Christus ist ubiquitär, wirkt außerhalb (extra) der räumlich-historischen Begrenztheit seiner menschlichen Natur. Als Mensch ist Jesus Christus auch nach der Erhöhung räumlich im Himmel lokalisiert.[69] Diese Besonderheit wird später das *extra-calvinisticum* genannt und hat für die Abendmahlsfrage entscheidende Bedeutung bekommen.

Einer der großen Interpreten Calvins, Wilhelm Niesel, hat gezeigt, dass die Formgestalt der Theologie Calvins sehr wesentlich von der klassischen Zweinaturenlehre geprägt ist: „Wir haben vernommen, daß Calvin das Zusammensein der beiden Naturen in der Person des Mittlers gemäß der Lehrentscheidung des Chalcedonense verstanden hat: Vereinigung, aber nicht Vermischung; Unterscheidung, aber nicht Scheidung. Von diesem Versuche her, die Person Jesu Christi zu erfassen und zu umschreiben, wird das Denken Calvins in vielen anderen Lehrstücken geleitet. Von dort her sucht er (u. a. Klaas Huizing) das Wesen der Heiligen Schrift zu begreifen. Das Verhältnis zwischen den Wörtern der Schrift und dem fleischgewordenen Wort ist ein ähnliches wie das zwischen der menschlichen Natur Christi und dem Logos. Das geschriebene Wort darf mit dem einen Wort nicht verwechselt, aber auch nicht von ihm getrennt werden."[70]

Die Frage, wozu Christus von Gott gesandt wurde, beantwortet Calvin durch die sogenannte Drei-Ämter-Lehre: Jesus ist Prophet, dessen Lehre „alle Weisheit in vollkommener Fülle"[71] enthält; Jesus ist König, der „die Gaben des Geistes"[72] austeilt; er ist Priester, der sich mit seinem eigenen Leben opfert. Für Calvin ist das priesterliche Amt das wichtigste Amt.

Diesem Versöhnungsdrama wird nur dann ein schaler Beigeschmack genommen, wenn man erinnert, dass Gott selbst Movens der Erlösung ist und selbst leidet. Das ganze Drama demonstriert allerdings die hohen Kosten dieser Erlösung und erreicht damit den Zweck bei den Gläubigen: sie demütig zu stimmen.

Buch 3: Auf welche Weise wir der Gnade Christi teilhaftig werden, was für Früchte uns daraus erwachsen und was für Wirkungen sich daraus ergeben

Im dritten Buch macht Calvin einen Perspektivenwechsel. Bisher hat er über Gott, den sündigen Menschen und die Erlösung geschrieben, jetzt fragt er, wie Christus „in uns Wohnung"[73] nimmt. „(Ü)berhaupt wirkt er durch die Kraft des Heiligen Geistes derart, daß wir enger mit ihm vereint sind als die Glieder eines Körpers."[74]

Zugänglich wird diese Nähe durch den Glauben, der ein Geschenk des Heiligen Geistes ist. Glaube ist für Calvin eine „feste und gewisse Erkenntnis des göttlichen Wohlwollens gegen uns, die sich auf die Wahrheit der in Christus uns dargebotenen Gnadenverheißung stützt und durch den Heiligen Geist unserem Verstand geoffenbart und in unserem Herzen versiegelt wird."[75] Die Folgen sind schnell klar zu benennen: Weil Christus in uns wohnt, werden wir durch seine Unschuld mit Gott ausgesöhnt (Rechtfertigung); durch seinen Geist werden wir von der Angst befreit und können ein Leben in Heiligkeit anstreben (Wiedergeburt oder Heiligung).

Calvin startet, das überrascht zunächst, mit den Gedanken zur Wiedergeburt. In den Gläubigen erwacht ein neuer Eifer. Dieser Eifer, der immer schriftgeleitet sein muss, umfasst gute Werke, aber diese guten Werke sind keine Vorbedingung für die Rechtfertigung, sondern sind Folge der Wiedergeburt: Sie „passieren" aus innerer Notwendigkeit, sind also eine Konsequenz der Gnade. Das Wissen um diese geschenkte Kraft schützt die Menschen vor übermächtigem Stolz.

Erst in einem zweiten Schritt verhandelt Calvin die Rechtfertigung aus dem Glauben, obwohl er sie den „Hauptartikel des christlichen Glaubens"[76] nennt. Wahrscheinlich wählt Calvin diese Reihenfolge, weil er deutlich machen will, dass Rechtfertigung und Heiligung nicht identisch, aber auch nicht zu trennen sind. In der Rechtfertigung geht es um eine vollkommene Rechtfertigung, weil Christus vollkommen ist. Die Heiligung dagegen ist für die irdischen Menschen nur eine Annäherung an die Vollkommenheit, weil der Tod diese Annäherung an die Vollkommenheit stoppt.

Ausführlich hat Calvin im dritten Buch die Prädestination verhandelt, genauer: die Lehre von der *Doppelten Prädestination*. Ich werde sie im nächsten Essay ausführlich diskutieren.

Die Frage wird sein: Worin besteht die Funktion dieser Lehre? Ängstigt sie die Menschen oder gelingt es ihr, die Menschen zu entängstigen?

Buch 4: Von den äußeren Mitteln oder Beihilfen, mit denen uns Gott zu der Gemeinschaft mit Christus einlädt und uns in ihr erhält

Dieses vierte, sehr umfangreiche Buch ist eine gleichermaßen gegen die Wiedertäufer und die katholische Kirche gewendete Institutionenlehre. Um den pneumatischen Wildwuchs der Wiedertäufer einzudämmen, beharrt Calvin auf der *Institution Kirche,* die, nach Ämtern gegliedert, ein geordnetes Zusammenleben garantiert. Und diese Kirche ist nur dann eine gute Mutter[77], wenn sie sich demütig auf die Schrift beruft und von dort her ihre Autorität erhält. Die wahre Kirche erkennt man deshalb nach Calvin daran, ob in ihr das Wort Gottes im Rekurs auf die Bibel gepredigt und gehört wird und ob die Sakramente gemäß der Einsetzung Christi ausgeteilt werden. Prominent besprochen wird die Kirchenzucht. Manchmal hat man den Eindruck, als würde Calvin die Kirchenzucht „fast (…) zu einem dritten Kennzeichen der Kirche"[78] erheben. Dieser Eindruck ist nicht falsch. Im achten Kapitel werde ich der Bedeutung der *Kirchenzucht* in Calvins Denken genauer nachgehen.

Die *Sakramente* sind für Calvin „sichtbares Wort". Biblisch belegt und von Christus eingesetzt sind nur das Abendmahl und die Taufe. Hinsichtlich der Taufe hat Calvin für die Säuglingstaufe plädiert. (Auch in dieser Frage ist ihm Karl Barth übrigens nicht gefolgt.) Historisch steht die Säuglingstaufe in der Nachfolge des jüdischen Sakraments der Beschneidung. Aber das ist nicht das entscheidende Argument. Wichtiger ist, dass die Taufe ein Zeichen für die unverdiente Gnade Gottes ist.

In der heiß diskutierten *Abendmahlsfrage* nimmt Calvin eine Mittelposition zu Luther und Zwingli ein. Für Zwingli waren Brot und Wein nur Erinnerungszeichen. Zwar stimmt Calvin Zwingli zu, wenn er behauptet, dass das Zeichen nicht mit dem Bezeichneten identisch ist, aber gleichwohl ist das Zeichen mit dem Bezeichneten verbunden. Diese Verbindung darf man aber nicht wie Luther vorstellen, der das Bezeichnete in dem Zeichen beheimatet wissen will, sondern, so die Pointe Calvins, der Heilige Geist macht das Bezeichnete durch den Geist zugänglich. Der Leib Christi bleibt im Himmel, aber der Geist macht Christus im Abendmahl gegenwärtig.

Wer Calvin bis zu diesem Punkt gefolgt ist, der wird sich auch nicht wundern, dass Calvin, der unter politischen Autoritäten gelitten hat, gleichwohl die politischen Institutionen grundsätzlich anerkennt. Auch hier hat das Beispiel der Wiedertäufer gezeigt, wie problematisch es ist, wenn religiöse Gruppen Institutionen untergraben. Natürlich gilt der Vorbehalt: auch die Vertreter der politischen Institutionen müssen immer daran erinnert werden, dass Gott die letzte Quelle jeder Souveränität ist.

Welcher Gott?

Die Verschränkung von Gotteserkenntnis und Selbsterkenntnis ist das Kennzeichen der *Institutio*. Welcher Gott aber wird erkannt? Im Text der *Institutio* ist immer wieder von der Majestät und der Ehre Gottes zu lesen. Wie gehen diese Prädikate zusammen mit dem Gott, der sich erniedrigt und sich sogar der Babysprache der Menschen anpasst?

In einer sehr buchstäblichen Lektüre hat Marijn de Kroon alles auf den Begriff der Ehre abgestellt[79]. Georg Plasger nimmt in einem Essay[80] die Spur auf und zeigt dann, wie die Begriffe Ehre und Erkenntnis zusammengehören. Als biblischer Theologe hat Calvin, wenn er von Ehre redet, natürlich immer die hebräischen Bedeutungshöfe im Blick. *Gloria* oder *honor* beziehen sich auf das hebräische *kabod*. „Das hebräische kabod umfasst sowohl die Bedeutung von Ehre, Majestät und Herrlichkeit und beschreibt so die Reaktion auf Gottes Herrlichkeit, kann aber daneben auch objektivierend von Gott selbst ausgesagt werden. Gott hat kabod, ja mehr noch, es wird Gott selber mit seiner kabod identifiziert."[81] Das Neue Testament übersetzt *kabod* mit *doxa,* in der Vulgata, der lateinischen Bibelübersetzung, wird *doxa* als *gloria, maiestas, honor und claritas* übersetzt. Neutestamentlich wird diese *doxa* von Christus ausgesagt. Paulus bezeugt in 2. Kor 2,8 die *doxa* Gottes im Angesicht Jesu Christi. Plasger resümiert: „Im Angesicht Christi und nirgends anders erkennt Calvin die Ehre Gottes."[82]

Dieser Satz, der die notwendige Verknüpfung von Erkenntnis und Ehre zeigt, ist zwar richtig, muss aber konkretisiert werden. Das Angesicht Christi, an dem die Ehre Gottes für Calvin erkennbar wird, ist das vor Augen gemalte Angesicht[83]. Es ist immer schriftlich verschattet und muss dort aufgelesen und erfahren werden.

Plasger schlägt vor, Calvins Erkenntnisbegriff in einen Zusammenhang mit „dem neutestamentlichen ginoskein und dem alttestamentlichen jadah"[84] zu rücken, weil beide Begriffe einen vertrauten Umgang mit dem Gegenüber abbilden. Das entspricht durchaus dem Klima dieses Denkens.

Zumindest eine weitere Intuition will ich noch beisteuern. Das neutestamentliche *anaginoskein* hat die Doppelbedeutung von lesen und wiedererkennen. Lukas hat sich diese Doppelbedeutung häufig zunutze gemacht[85], in Calvins Kommentaren zu Lukas findet sich allerdings keine Aufnahme dieses Gedankens. *Anaginoskein* bringt auf den Begriff, was Calvin und vor ihm viele andere getan haben, wenn sie die eigene Selbsterkenntnis, die zugleich eine Erkenntnis Gottes und eine Bekehrung ist, im Akt des Lesens vollziehen. Calvin erkennt sich lesenderseits in David wieder. Er hätte sich auch in den Protagonisten der Gleichnisse wiedererkennen können, denn die Gleichnisse im Neuen Testament sind alle nach diesem Muster gestrickt. Aber diese Thesen gehen in der Spur Calvins über ihn hinaus.

Calvins Zusammenschau von Verherrlichung und Erniedrigung findet sich wunderbar verdichtet im 1. Chorus von Johann Sebastian Bachs Johannespassion (BWV 245):

1. Chorus

Herr, unser Herrscher, dessen Ruhm
In allen Landen herrlich ist!
  Zeig uns durch deine Passion,
  Dass du der wahre Gottessohn,
  Zu aller Zeit,
  Auch in der größten Niedrigkeit
  Verherrlicht worden bist!

Der Advocatus Dei

Über die Doppelte Prädestination

Halbbildung

Es gehört zur Halbbildung, die Schablonen, die man sich von einem Denker dieses Formats gemacht hat, immer neu auszupinseln. Dazu passt der denkfaule Hinweis, Calvins Lehre von der *Doppelten Prädestination* mache Anleihen bei Augustin. Calvin selbst hat behauptet, in seiner Lehre unterscheide er sich „keinen Fingerbreit" von Augustin[86]. Aber gerade den Selbstauskünften eines Denkers gegenüber ist Vorsicht geboten. Zudem: Die Rolle, die Augustin in der Theologiegeschichte gespielt hat, ist zumindest vielspältig. Skepsis ist einer Entlastungsstrategie gegenüber angebracht, die so tut, als sei mit dem Verweis auf den großen Augustin alles zugunsten Calvins gesagt.

Ebenso kurzsichtig ist der Versuch, Calvin zu entlasten, indem man den Gedanken der *Doppelten Prädestination* aus dem Zentrum des Interesses rückt. Ernst Troeltsch, der große evangelische Theologe des frühen 20. Jahrhunderts, hat die *Doppelte Prädestination* das „Zentraldogma" Calvins genannt.[87] Ich halte diese Einschätzung trotz vieler neuerer Vorbehalte für richtig, sofern man sie vor dem Hintergrund der theologischen Rede von der radikalen Souveränität Gottes diskutiert.[88]

Schließlich: Man ist in der Theologiegeschichte zu schnell mit dem Argument zur Hand, der Schweizer Theologe Karl Barth, der heimliche Vollender und wahre Erbe Calvins, habe mit seiner Kritik an Calvin alles Entscheidende gesagt. Auch hier wird man genauer hinschauen müssen.

Ohne einen Rückschritt zu den Anfängen Calvins wird man die zentrale Frage nach dem Stellenwert der Vorsehung oder Vorherbestimmung im Werk Calvins nicht lösen können. Calvins Lehre von der *Doppelten Prädestination* ist auch eine konsequente Auseinandersetzung mit der Philosophie der Stoa und der Versuch einer Überbietung. In einem ersten Teil will ich zunächst die historischen Hintergründe in Calvins vorreformatorischer Phase ausloten, dann mich den zentralen Partien in seinen Schriften zuwenden und schließlich die mentalitätsgeschichtlichen Folgen inventarisieren, die in der These des Soziologen Max Weber verdichtet wurden, der Geist des Kapitalismus verdanke seine Vitalität dem calvinistischen Ethos.

Stoa und Vorsehung

Bekanntlich startet Calvin seine Autorschaft mit einem Kommentar zu Senecas *De clementia.* Die für unsere Frage zentrale Stelle findet sich gleich zu Beginn von Senecas Schrift: „Ich habe mir vorgenommen, Caesar Nero, über die Güte zu schreiben, um sozusagen die Rolle eines Spiegels zu spielen und dir zu zeigen, daß du zu der höchsten aller Freuden gelangen wirst. Mag noch so sehr nämlich der wahre Genuß rechten Handelns darin bestehen, es getan zu haben, mag es keinen der Tugenden würdigen Lohn außerhalb ihrer selbst geben, so ist es doch erfreulich, einen Blick in das gute Gewissen zu tun und es zu mustern, danach aber die Augen zu richten auf diese unermeßliche Menge, die da uneins, zwieträchtig, unbeherrscht ist und bereit, sich zu fremdem und eigenem Verderben aufzubäumen, wenn sie dieses Joch zerbricht, und also bei sich zu sprechen: ‚Ich von allen Sterblichen gefiel und wurde erwählt, auf Erden die Rolle der Götter zu spielen? Ich bin für die Völker Herr über Leben und Tod? Welches Los und welchen Zustand jeder hat, ist in meine Hand gelegt? Was einem jeden der Sterblichen die Schicksalsgöttin verliehen haben will, verkündet sie durch meinen Mund?'"[89]

Wir haben es gemäß der antiken Rhetorik an dieser Stelle mit der *Prosopopoeia* zu tun (wörtlich: ein Gesicht machen), in der ein Redner zu seinem Publikum mit einer quasi geliehenen Stimme spricht, in unserem Fall: Der Imperator spricht durch den Autor wie mit sich selbst und gerät in eine Meditation. Die Stelle „Ich von allen Sterblichen gefiel und wurde erwählt, auf Erden die Rolle der Götter zu spielen? Ich bin für die Völker Herr über Leben und Tod? Welches Los und welchen Zustand jeder hat, ist in meine Hand gelegt? Was einem jeden der Sterblichen die Schicksalsgöttin verliehen haben will, verkündet sie durch meinen Mund?" kommentiert Calvin so: „Diese Behauptung bezieht sich ferner auf die Meinung der Stoiker, die die Überaufsicht über die menschlichen Angelegenheiten den Göttern zusprechen, die eine Vorsehung behaupten und nichts dem bloßen Zufall überlassen."

Entschieden wendet sich Calvin in seinem Kommentar auch im Folgenden gegen die Epikureer, die alles für Zufall halten, auch die Zweckmäßigkeit und Schönheit der Welt. Zwei berühmte Stellen, die Calvin nicht anführt, können diesen Kampf der Stoiker gegen die Epikureer verdeutlichen. Der Stoiker Kleanthes hat die unschlagbare These aufgestellt: „Wer wie Epikur meint, die Zweckmäßigkeit und Schönheit der Welt sei das Werk bloßen Zufalls, mag ebenso glauben, die Ilias sei durch ein zufälliges Ausschütten von Buchstaben entstanden."[91] Die Stoiker sind durchaus erfinderisch darin, die Zweckmäßigkeit der Welt vor Augen zu führen: „Und nicht nur auf den Nutzen ist die Natur bedacht; sie hat auch Freude an Buntheit und Schönheit. ‚Das kann man am besten am Schweif des Pfauen sehen. Der Pfau ist um seines Schweifes willen geschaffen; nur zur Schönheit sind aber auch der Taube die schillernden Federn am Halse gegeben, den Männern Brustwarzen und Bart.'"[92]

Bei den Stoikern werden bereits viele Probleme angeschnitten, die Calvin lebenslang beschäftigen werden. Leider gibt es aus Calvins Hand nur eine indirekte, nämlich kommentierende Auseinandersetzung mit den Stoikern. Um hier voranzukommen, muss man die Textbasis über Senecas Schrift *De clementia* hinaus erweitern. Durchaus verwandt mit dem christlichen Gottesbegriff postuliert Seneca an anderer Stelle, Gottes Wesen sei schlechterdings Güte: „Was ist für die Götter Ursache, daß sie wohl tun? Ihre Natur. Es irrt, wer etwa meint, sie wollten nicht schaden: sie können es nicht."[93] Die Stoiker sprechen von einer vorsorgenden Klugheit (Vorsehung), halten die Welt ganz entschieden für die bestmögliche aller Welten. Übel sind, so die Pointe, als konträrer Gegensatz des Guten eine logische und reale Notwendigkeit. Im vierten Buch über die Vorsehung schreibt Chrysipp: „Es gibt nichts Einfältigeres als die Leute, die da meinen, es hätte Güter geben können, ohne daß es auch Übel gab. Denn da die Güter der konträre Gegensatz zu den Übeln sind, müssen sie sich notwendig gegenüberstehen und darin, daß sie sich gleichsam wechselweise stützen, ihre Existenz haben; es gibt kein konträr Entgegengesetztes ohne seinen konträren Gegensatz. Wie könnten wir empfinden, was Gerechtigkeit ist, wenn es kein Unrecht gäbe? Wie die Tapferkeit erkennen außer am Gegenbild der Feigheit?"[94]

Ein Begriff der stoischen Philosophie ist in der Debatte über die Stellung der Vorsehung im Werk Calvins bisher nicht diskutiert worden: die *Heimarmene*, das Schicksal. Zenon, einer der Gründerväter der Stoa, bezeichnet den Schöpfer des Alls als Logos oder auch Schicksal. Oder nehmen wir Seneca: „Soviel du willst, kannst du den Urheber alles unseres Seins auch anders bezeichnen. Auch Jupiter kannst du ihn mit Fug nennen, den Größten und Besten, den Donnerer und Erhalter. Und wenn du eben ihn Schicksal nennst, wirst du auch nichts Unrichtiges sagen. Denn das Schicksal, das Fatum, die *Heimarmene*, ist nichts anderes als die ununterbrochene Reihe der Ursachen, und er (Gott, K. H.) ist die erste Ursache von allem, von der alle anderen abhängen."[95] Für die Stoiker ist eigentümlich, dass sie die *Heimarmene* nicht nur auf das äußere Geschehen beziehen, sondern auch auf die Vorgänge in der Seele. Damit stellt sich die Frage nach der Willensfreiheit in aller Schärfe. „Wie lassen sich das sittliche Postulat der freien Entscheidung des selbstverantwortlichen Menschen und die psychologische Erfahrung mit der Annahme vereinen, daß alles nach der *Heimarmene* auf Grund einer festen Ursachenreihe geschieht? Chrysipp hat das Problem ganz scharf erkannt. Um einerseits dem Zwange zu entgehen, andrerseits den Begriff der *Heimar-mene* festzuhalten, scheidet Chrysipp verschiedene Arten von Ursachen. ‚Von den Ursachen‘, sagt er, ‚sind die einen aus sich heraus ausschlaggebend und entscheidend, die anderen nur mithelfend und aktuell. Wenn wir nun sagen, alles geschehe nach der *Heimarmene* aufgrund voraufgehender Ursachen, wollen wir das nicht in dem Sinne verstanden wissen, ‚auf Grund ausschlaggebender und entscheidender Ursachen‘, son-dern solcher, die nur mithelfen und auslösend wirken.‘ Daher begegnet er dem Schluss, daß die *Heimarmene* einen Zwang auf die Menschen übe, in folgender Weise: ‚Wenn alles nach der *Heimarmene* geschieht, folgt daraus zwar, daß alles auf Grund voraufgehender Ursachen erfolgt, aber nicht: aufgrund von ausschlaggebenden und entscheidenden, sondern von mithelfenden und nur auslösend wirkenden.“[96]

Damit ist zwar ein Unterschied zwischen Mensch und Tier benannt – das Tier folgt notwendigerweise dem äußeren Ein-druck –, aber ein anderes Problem bleibt virulent: Wieso wird ein Mensch ethisch auffällig, ein anderer Mensch aber nicht? Auch die individuelle Naturanlage des Menschen ist durch die *Heimarmene* bestimmt, allerdings kann er durch seine Ver-nunftanlage an sich selbst arbeiten, um den *inneren Logos* zur Entwicklung zu nötigen. So verfällt ein Mensch etwa den Rei-zen einer verheirateten Frau, ein anderer, der an seinem Logos kräftig gearbeitet hat, nicht.

Dieser Ansatz soll auch helfen, Argumente abzuwehren, die die *Heimarmene* als Entlastungsstrategie verwenden. Als Zenon einen Sklaven beim Diebstahl überraschte und ihn auspeitschen ließ, berief sich der Sklave darauf, das Schicksal habe ihn zum Stehlen bestimmt. Zenon konterte, das Schick-sal habe ihn ebenfalls vorherbestimmt, verprügelt zu werden. Auch das Argument, die *Heimarmene* verurteile Menschen zur Untätigkeit, weil die Ziele vorherbestimmt seien, lehnen die Stoiker ab. Ein Beispiel: Wenn etwa ein Mensch krank wird, darf man es nicht unterlassen, den Arzt zu rufen, weil es vielleicht vom Schicksal vorherbestimmt ist, dass der Kranke nur durch den ärztlichen Rat gesund werden kann.

Zusammengefasst wird diese Vorstellung in einem frommen Gebet von Kleanthes:

„Führ' du mich, Zeus, und du, Pepromene *(=Heimarmene)*,
wohin der Weg von euch mir ist bestimmt!
Ich folg' euch ohne Zaudern. Sträub' ich mich,
so handl' ich schlecht – und folgen muss ich doch!"[97]

Zwar behauptet Calvin in der *Institutio*[98], seine Lehre von der Vorsehung sei kein stoischer Schicksalsglaube, aber er wendet sich hier zunächst vor allem gegen den Begriff des Schicksals als blinde Notwendigkeit, um die Majestät Gottes davon abzuheben. Begrifflich ist das nicht ganz einsichtig zu machen, weil die Majestät Gottes im stoischen Verständnis ursächlich mit der *Heimarmene* zusammenfällt. Auch für Calvin macht Gottes Wille die Notwendigkeit aller Dinge aus[99]. Calvin möchte allerdings auch, wie er an anderer Stelle gegen die Stoiker sagt, dass „Gott auch das Zufällige lenkt. (…) Was die Stoiker sich einbildeten ist bekannt. Ihr (Verständnis von) Schicksal weben sie aus einem Gordischen Knoten von Ursachen zusammen, und indem sie Gott mit hinein verflochten haben, machten sie goldene Ketten, wie es in den Fabeln heißt, um Gott damit zu fesseln und ihn untergeordneten Ursachen zu unterwerfen."[100] Dieser Überbietungsversuch der Stoa – Gott lenkt auch das Zufällige – ist schwer einsichtig zu machen. Von Gott gelenkte Zufälle sind keine Zufälle. Wie so häufig, ist Calvin auch an dieser Stelle den Stoikern näher, als er zugibt. Auch andere Elemente der Vorsehungslehre im ersten Buch der *Institutio*[101] lassen die enge Verwandtschaft zum stoischen Gedankengut erkennen, allerdings immer mit der Pointe, dass die Bibellektüre den Geist (stoisch: den Logos) bilde und die Suche anleite, was Gott gefalle.

Calvins Umdeutung

Von der Vorsehungslehre des ersten Buches der *Institutio* bis zur Lehre von der *Doppelten Prädestination* im dritten Buch ist es ein weiter Weg. Trotz der Verklammerung von beiden

Punkten hat Calvin die *Doppelte Prädestination* jener Frage zugeordnet, mit der sich das dritte Buch der *Institutio* beschäftigt: „Auf welche Weise wir der Gnade Christi teilhaftig werden." Damit wird zumindest systemlogisch die *Doppelte Prädestination* dem Trost zugerechnet. Die *Doppelte Prädestination* ist ein Element der Gnadentheologie, also streng genommen ein Element der Entängstigung. Diese Pointe muss man im Auge behalten, um die Funktion dieser Theorie richtig einzuschätzen. Sie bleibt allerdings dem Grundsatz eingezeichnet, „daß er (Gott), sich selbst nicht vergessend, seinen Ruhm an erster Stelle berücksichtigt und so die ganze Welt zu dem Zweck geschaffen hat, daß sie ein Schauplatz seines Ruhmes sei."[102] Damit ist zugleich gesagt, dass der Mensch in diesem Drama nichts bewirken kann. Auf den Lauf der Dinge kann der Mensch grundsätzlich nicht einwirken, sich allenfalls dazu verhalten.

Bedarf es aber notwendig der Idee der vor Urzeiten entschiedenen Verwerfung?

- Zunächst: Calvin bemüht sich, die biblische Begründung dieser Weltsicht deutlich zu machen.
- Sodann: Vielleicht hat auch die bei den Stoikern gelernte Vorstellung, dass das Übel als konträren Gegensatz des Guten eine logische und reale Notwendigkeit ist, dazu geführt, die *Verwerfung* als konträrer Gegensatz der Erwählung als logische und reale Notwendigkeit zu deuten.
- Auch systemimmanent gibt es Argumente: Würden alle Menschen erwählt, ist das Heil für alle Menschen verbindlich. Dann aber wäre Gott in seiner souveränen Entscheidung nicht frei und gleichsam in der Hand der Menschen. Oder: Wären die Menschen in der Lage, den ewigen göttlichen Ratschluss aufzuheben, wären sie wie Gott. Auch in diesem Fall müsste man auf den Majestätsgedanken Gottes verzichten.

Eine sehr leicht lesbare Aufarbeitung vieler Argumente bietet Calvin in der Schrift: „Zusammenkunft in der Kirche zu Genf, in welcher das Thema der Ewigen Erwählung Gottes verhandelt wurde."[103] Hier redet Calvin als einfühlsamer Prediger, der besonders viel Nachdruck auf die Fülle der Gnade legt: „So bleibt nun zu prüfen, ob (die) Gnade ein Gemeingut aller Menschen ist oder nicht. Die Heilige Schrift behauptet, daß dies nicht der Fall ist: Gott nämlich gibt seinen heiligen Geist nach seinem eigenen Ermessen den Menschen, und er erleuchtet sie durch seinen Sohn. Das beweist die Erfahrung. Davon sind wir überzeugt. Daraus also muß man schließen, daß der Glaube aus einem weit höheren und verborgeneren Quellort und Ursprung hervorgeht: aus der Gnadenwahl Gottes, kraft der er nach seinem Wohlgefallen Menschen zum Heil erwählt."[104]

Calvin bezieht sich auf Eph 1,3–14, betont, dass Gott uns „nach dem freien Entschluß seines Willens" erwählt, „den er bei sich selbst zuvor gefaßt hat"[105], „ehe der Grund der Welt gelegt war"[106]. Als Beispiel führt Calvin die paulinische Deutung einer Erzvätergeschichte an. Gott habe, noch bevor Esau und Jakob Böses taten[107], Jakob im Mutterschoß erwählt und Esau, den Erstgeborenen, verworfen. Die Erwählung oder Berufung geschieht also ganz grundsätzlich ohne Mitwirkung des Menschen. Die Berufung tritt ans Licht, „wenn Gott uns den Glauben schenkt"[108], oder wie es in Joh 6,44 heißt, es könne niemand zu Jesus Christus kommen, „es ziehe ihn denn der Vater". Calvin schärft immer wieder ein: Es geht um Gottes Ruhm und Ehre[109], und nachweislich die schwer verdauliche Lehre der *Doppelten Prädestination* sei ein Prüfstein unserer Demut.

Diese zentrale Deutung dient auch der ‚Widerlegung' eines ersten Einwandes: Wenn gesagt wird, Gott sei ungerecht, wenn er nach seinem Gutdünken erwähle, dann werde übersehen, dass Gott, dessen Wesen Güte ist, gute Gründe habe, die wir nicht durchschauen könnten. Gottes Wille sei letztendlich ein bleibendes Geheimnis.

Verschweigen, um die Gläubigen nicht zu überfordern, dürfen wir die Lehre von der Verwerfung allerdings nach Calvins Meinung auch nicht. Das wäre nach Calvins Einschätzung eine falsche Schonung, zumal es einen Königsweg der Entängstigung gibt: Jesus Christus dient als Spiegel und Modell der Erwählung, in ihm wird die überbordende Güte Gottes anschaulich. Wer also Gewissheit über die Erwählung haben will, der muss sich selbst in Jesus Christus ansehen: „Denn alle, die im Glauben mit Jesus Christus wahrhaft verbunden sind, dürfen ganz sicher sein, daß sie zum Kreis der ewigen Erwählung Gottes gehören und zu seinen Kindern zählen."[110] Der Glaube, der ein geschenkter Glaube ist, bestätigt die Erwählung.

Naheliegend scheint ein anderer Einwand zu sein: Macht die Erwählung die Heiligung nicht überflüssig? Calvin antwortet: Wen Gott erwählt, den regiert er durch seinen Heiligen Geist; gute Werke sind also Früchte der Gnade. Das verhindert auch, dass wir faul und gleichgültig werden.

Von besonderem Schwergewicht ist der Einwand, Gottes geheimer Ratschluss sei die Ursache der Sünde und Gott Urheber des Bösen. Calvin appelliert hier in letzter Instanz an die menschliche Demut. Der Mensch, obwohl gut geschaffen, wird ungehorsam, also schuldig. Hätte Gott also nicht Abhilfe schaffen können? Fraglos, antwortet Calvin, allerdings gilt auch hier: Gottes Ratschlüsse und Geheimnisse sind Abgründe[111]. Nur so viel lässt sich sagen: Die Herrlichkeit Gottes wird erst durch die überbordende Gnade in vollem Unfang anschaulich.

Nur vermuten darf man schließlich eine systemlogische Konsequenz, die Calvin bei den Stoikern aufgelesen hat: Als *Kontrastbegriff* zur Erwählung gehört die Idee der Verwerfung, weil man nur von dort her den Sinn der Erwählung begreifen kann, zum Konzept der Erwählung dazu. Allerdings müssen Erwählung und Verwerfung nicht notwendig als geheimer Ratschluss Gottes *vor* Beginn der Welt gedeutet werden. Es würde hinreichen, diese Theorie auf das Ende der Welt zu verschieben. Allerdings ist sie auch dort problematisch, denn mit dem gleichen Argument, mit dem man die Verwerfung verteidigt – Gottes Gerechtigkeit übersteigt jedes menschliche Vorstellungsvermögen –, kann man auch verteidigen, dass Gott alle Menschen erlöst und auferstehen lässt.

Trost verspricht die Lehre von der *Doppelten Prädestination* dann, wenn sie ihren Einsatz in der gottesdienstlichen Feier findet, wenn also in der Predigt die überbordende Fülle der Gnade an Jesus Christus verdeutlicht und der Hörer zum Glauben berufen wird. An dieser Stelle ist die ganze Theorie am überzeugendsten. Der eigentliche Ort der Lehre von der *Doppelten Prädestination* ist die Predigt von Jesus Christus, jener Ort, an dem die vor Ewigkeit Auserwählten Gott zugeführt werden. Das ist für diejenigen, die diesen Glauben erfahren, fraglos tröstend und entängstigend. Aber die Unsicherheit bleibt, ob die erfahrene Glaubensgewissheit von Dauer ist, deshalb muss das Zutrauen auf Jesus Christus immer wieder neu gepredigt und der Zweifel überwunden werden. Dann besteht allerdings die Gefahr, dass der Gläubige schleichend zum „eingebildeten Gläubigen" verkommt.

Hinterfragen darf man die Prämisse dieser Verherrlichungsdogmatik. Gott ist ein guter König und Vater und die Menschen sind nach diesem Verständnis nur dazu da, seine Ehre zu rühmen. Das führt zu systemlogischen Verrenkungen. Zwar muss Calvin den Menschen die Schuld für den Sündenfall anlasten, aber als Gott, der alles regiert und vorherbestimmt, muss dieser Gott auch noch den Sündenfall nicht nur vorausgesehen, sondern auch *angeordnet* haben, obwohl er die Sünde hasst. Und wenn man dem Menschen so viel Freiheit zugesteht, Gott zu verwerfen, dann ist es nur logisch konsequent, die Majestät Gottes dadurch zu sichern, dass man behauptet, Gott habe die Menschen *zuerst* verworfen.[112] Eine Rettung aus dieser Verwerfung gelingt nur im Blick auf Jesus: „In seinem Sohn blickt er uns freundlich an, und daraufhin liebt er uns."[113]

Nochmals: Diese Verherrlichungsdogmatik dient – freundlich interpretiert – der Entlastung des Menschen, aus eigener Kraft am Heil arbeiten zu müssen. Aber verkommt der Mensch nicht letztlich doch zu einer Hofschranze dieses guten, aber majestätischen Königs?[114] Und auch der Christozentrismus und der Predigtzentrismus verengen diese Theologie auf einen schmalen Kreis von Beteiligten. Durchaus verständlich, dass Calvin mit der universalistischen These einer Errettung aller Menschen herzlich wenig anfangen konnte. Textstellen, die den neuen Bund eher universalistisch deuten, korrigiert

Calvin mit nicht geringer Gewaltsamkeit exegetisch und verweist in letzter Konsequenz auf die Erfahrung: „Wenn also Gott einen festen, einen beständigen Bund mit uns schließen will, dann muss er sein Gesetz in unsere Herzen eingravieren. Doch geschieht das ganz allgemein bei allen Menschen? Wir sehen (...) genau das Gegenteil und zwar aufgrund von Erfahrung."[116]

Calvin und die Calvinisten

Der Soziologe Max Weber hat mit unnachahmlichem Scharfsinn die gesellschaftlichen Folgen dieser Theologie vermessen. Ich zitiere die entscheidenden Passagen, die, trotz aller Kritik an dieser Position, nichts von ihrer suggestiven Kraft eingebüßt haben.

Max Weber interpretiert den Calvinismus (nicht Calvin, sondern die Generationen nach Calvin, die zusätzliche Sicherheit suchten) so: „Die Welt ist dazu – und nur dazu – bestimmt: Der Selbstverherrlichung Gottes zu dienen, der erwählte Christ ist dazu – und nur dazu – da, den Ruhm Gottes in der Welt durch Vollstreckung seiner Gebote an seinem Teil zu mehren. Gott aber will die soziale Leistung des Christen, denn er will, daß die soziale Gestaltung des Lebens seinen Geboten gemäß und so eingerichtet werde, daß sie jenem Zweck entspreche. Die soziale Arbeit des Calvinisten in der Welt ist lediglich Arbeit ‚in majorem gloriam Dei'. Diesen Charakter trägt daher auch die Berufsarbeit, welche im Dienste des diesseitigen Lebens der Gesamtheit steht.

Denn das für uns entscheidende Problem ist erst: wie wurde diese Lehre ertragen in einer Zeit, welcher das Jenseits nicht nur wichtiger, sondern in vieler Hinsicht auch sicherer war als alle Interessen des diesseitigen Lebens? Die eine Frage mußte ja alsbald für jeden einzelnen Gläubigen entstehen und alle anderen Interessen in den Hintergrund drängen: Bin ich denn erwählt? Und wie kann ich dieser Erwählung sicher werden? – Für Calvin selbst war dies kein Problem. Er fühlte sich als ‚Rüstzeug' und war seines Gnadenstandes sicher. Demgemäß hat er auf die Frage, wodurch der Einzelne seiner eigenen Erwählung gewiß werden könne, im Grunde genommen nur die Antwort: daß wir uns an der Kenntnis des Beschlusses Gottes und an dem durch den wahren Glauben bewirkten beharrlichen Zutrauen auf Christus genügen lassen sollen. Er verwirft prinzipiell die Annahme: man könne bei anderen aus ihrem Verhalten erkennen, ob sie erwählt oder verworfen seien, als einen vermessenen Versuch, in die Geheimnisse Gottes einzudringen. Die Erwählten unterscheiden sich in diesem Leben äußerlich in nichts von den Verworfenen, und auch alle subjektiven Erfahrungen der Erwählten sind (…) auch bei den Verworfenen möglich, mit einziger Ausnahme jenes ‚finaliter' beharrenden gläubigen Vertrauens. Die Erwählten sind und bleiben also Gottes unsichtbare Kirche. Anders ganz naturgemäß die Epigonen – schon Theodor Beza – und vor allem die breite Schicht der Alltagsmenschen. Für sie mußte die ‚certitudo salutis' im Sinn der Erkennbarkeit des Gegenstandes zu absolut überragender Bedeutung aufsteigen, und so ist denn auch überall da, wo die Prädestinationslehre festgehalten wurde, die Frage nicht ausgeblieben, ob es sichere Merkmale gebe, an denen man die Zugehörigkeit zu den ‚electi' erkennen könne. (…) Es war zum mindesten, soweit die Frage des eigenen Gnadenstandes auftauchte, unmöglich, bei Calvins, von der orthodoxen Doktrin wenigstens im Prinzip nie förmlich aufgegebener, Verweisung auf das Selbstzeugnis des beharrenden Glaubens, den die Gnade im Menschen wirkt, stehenzubleiben. Vor allem die Praxis der Seelsorge, welche auf Schritt und Tritt mit den durch die Lehre geschaffenen Qualen zu tun hatte, konnte es nicht. Sie fand sich mit diesen Schwierigkeiten in verschiedener Art ab. Soweit dabei nicht die Gnadenwahl uminterpretiert, gemildert und im Grunde aufgegeben wurde, treten namentlich zwei miteinander verknüpfte Typen seelsorgerlicher Ratschläge als charakteristisch hervor. Es wird einerseits schlechthin zur Pflicht gemacht, sich für erwählt zu halten und jeden Zweifel als Anfechtung des Teufels abzuweisen, da ja mangelnde

Selbstgewißheit Folge unzulänglichen Glaubens, also unzulänglicher Wirkung der Gnade, sei. Die Mahnung des Apostels zum ‚Festmachen' der eigenen Berufung wird also hier als Pflicht, im täglichen Kampf sich die subjektive Gewißheit der eigenen Erwähltheit und Rechtfertigung zu erringen, gedeutet. An Stelle der demütigen Sünder, denen Luther, wenn sie in reuigem Glauben sich Gott anvertrauen, die Gnade verheißt, werden so jene selbstgewissen ‚Heiligen' gezüchtet, die wir in den stahlharten puritanischen Kaufleuten jenes heroischen Zeitalters des Kapitalismus und in den einzelnen Exemplaren bis in die Gegenwart wiederfinden. Und andererseits wurde, um jene Selbstgewißheit zu erlangen, als hervorragendstes Mittel rastlose Berufsarbeit eingeschärft. Sie und sie allein verscheuche den religiösen Zweifel und gebe die Sicherheit des Gnadenstandes."[117]

Die Lehre von der *Doppelten Prädestination* bleibt ein schwieriges Element im Denken Calvins. Sie ist fraglos auch das Ergebnis von Calvins Ehrgeiz, die Philosophie der Stoa zu überbieten. Aber auch wenn man den Gedanken der Verwerfung aufgibt (oder ans Ende der Welt verschiebt), bleibt die Freiheit des Menschen für Calvin relativ bedeutungslos. Vielleicht hat Calvin recht, vielleicht ist die Freiheit nur eine hübsche Illusion. Neue Erkenntnisse der Hirnforschung legen diese Sicht der Dinge sogar nahe. Es ist allerdings schwierig, ohne diese Illusion zu leben.

Wie frei sind wir wirklich? Und: Kann man an einen Gott glauben, der den Sündenfall anordnet?

Der Züchtige

Über Transparenz und Demokratie

Die Sache mit der Kirchenzucht

Manchmal entlaufen der Forschung ihre Gegenstände und siedeln sich woanders an. Diese geraten dann häufig aus dem Blick. Max Weber, der große Soziologe, hat scharfsinniger als die Theologenzunft über Calvin und den Calvinismus geurteilt. Nur mit Mühe konnte sich die Theologie den Theologen Calvin ein Stück weit zurückerobern. Mit beträchtlichen Flurschäden.

Oder es werden Lobreden gehalten, die, überlaut und ungenau, aushöhlen, was sie glorifizieren. Wahrscheinlich ist es dem Stubencharakter Calvins zu verdanken, dass eine Calvin-Hagiographie ausgeblieben ist. Calvin ist ein Denker im Gehäus. Allerdings: Sehr kritisch ist man mit ihm nicht verfahren, eher betulich und reformiert-demütig, oder man hat ihn gleich mit den Augen Karl Barths gelesen und vermeintlich gerettet.[118] Wer einen Denker allerdings eher umkreist, ihm aus dem Weg geht oder ihn einem späteren Denker eingemeindet, kommt häufig zu folgenschweren Fehlurteilen und übersieht das Potenzial, das in diesem Autor steckt.

Sehr frühzeitig hat man in der Calvinforschung die Nähe Calvins zur Demokratie vermessen.[119] Darüber bestand kein Zweifel: Calvin war im Grunde seines Herzens ein humanistisch trainierter Snob, der über die ungebildete Masse kaum merklich die Nase rümpfte, und doch führte die Verfassung seines Kirchenregiments Elemente mit sich, die die demokratische Entwicklung Mitteleuropas und Amerikas zunächst unterschwellig und dann ganz offensiv beförderte. Aber der Schlüssel zur Beantwortung der Frage, wodurch Calvin die Demokratie wesentlich beeinflusst hat, scheint übersehen worden zu sein. Nach meiner Einschätzung ist es vor allem die *Kirchenzucht,* die für diese Frage substanziell ist.

Ich untersuche das Thema in drei Schritten. Zunächst folgt ein kurzer Rückverweis auf Calvins Kommentierung von *De clementia.* Dieser Text untersucht, wie staatliche Macht sich von Gott her rechtfertigt. Dann bespreche ich die zentralen Stellen der *Institutio* zum Thema. Einige Stellen haben durchaus Signalwirkung. Calvins Überlegungen zum Recht auf Widerstand gegen tyrannische Herrscher inspirierten bekanntlich nicht wenige politische Köpfe in den folgenden Jahrhunderten. Wichtige demokratieträchtige Elemente seiner Kirchenlehre werden danach inventarisiert. Schließlich wende ich mich dem Begriff zu, der in den Debatten bisher weitgehend vernachlässigt wurde: die Kirchenzucht.

Ich deute Calvins Kirchenzucht als Versuch, Transparenz in einer Gemeinschaft von Gleichgesinnten zu erzeugen. *Transparenz,* so die These, ist im System Calvins der notwendige *Kontrastbegriff* zu Gottes *geheimen* Ratschlüssen. Wo in einem religiös-monarchischen System der Ruf nach Transparenz als Majestätsbeleidigung klingen muss, wo alles darauf angelegt ist, den geheimen Ratschluss Gottes demütig als geheim anzuerkennen, muss in einer kirchlichen Organisation genau jener Grundsatz zur Anwendung kommen, der sich in der Abgrenzung zum Souveränitätsbegriff Gottes bestimmt: die Transparenz. Und die Kirchenzucht ist, freundlich formuliert, ein Mittel, um die Transparenz durchzusetzen. Das Ziel ist ein gläserner Gläubiger.

Um den gläsernen Gläubigen zu institutionalisieren, bedarf es eines erheblichen Kraftaufwands aller am Prozess beteiligten Personen. Mental hat das häufig allerdings zu Überforderungen und Verwerfungen geführt. Dennoch: Ich halte die Kirchenzucht für ein Modell, das von der Idee her auch für das politische Gemeinwesen zentral ist, oder anders und pointierter formuliert: Seinen aufgeklärten und zivilisierten Ort findet diese Idee von Transparenz in einer demokratischen Regierungsform. Hier gilt es, bisher ungenutzte Potenziale im Denken Calvins zu heben.

Der milde König

Seneca hat gleich zu Beginn von Neros Prinzipat[120] die Schrift *De clementia* verfasst, um Nero seinen Mitbürgern gegenüber zu einer milden und verantwortungsbewussten Staatsführung zu animieren. Seneca greift damit auf ältere stoische Quellen zurück, denn es war bereits der Zenon-Schüler und makedonische König Antigonos II. Gonatas, der die Herrschaft eines Regenten als „ehren- und ruhmvolle Knechtschaft" bestimmte, eine Einschätzung mit Spätwirkung, denn noch Friedrich II. von Preußen nannte sich „erster Diener des Staates". Offenbar hat Nero sogar eine Zeit lang die Milde als Königstugend akzeptiert und dem damaligen Senat erneut mehr Rechte verliehen, aber letztlich hat er sich doch als Tyrann zu erkennen gegeben. Die Folgen für die Christen sind bekannt.

Calvin hat, wie bereits angedeutet, vielleicht gehofft, in den unruhigen Zeiten, in denen er seinen Kommentar verfasste, könne der Rekurs auf Senecas Traktat *Über die Milde* den Herrscher in Frankreich ebenfalls milde stimmen, um von Exekutionen evangelischer Gläubiger abzusehen. Ob Texte probate Mittel sind, Herrscher zur Milde zu erziehen, wird man zumindest im Blick auf den Text Senecas nicht vollständig verneinen können, auch wenn Nero selbst mit fortschreitendem Alter tyrannisch wurde und auch wenn der französische König, der auf dem Schachbrett der Macht eigentlich den Evangelischen als Schutzschild hätte dienen müssen, sich für Übergriffe entschied.

Vor allem der stoische Begriff der Vorsehung hilft Calvin zur Spezifizierung seiner politischen Vorstellung. „Zu der Unterwerfung der Herrscher unter die Vorsehung, die zu betonen Senecas Schrift geradezu einlud, bemerkt Calvin in seinem Kommentar: ‚Das ist auch die Lehre unserer Religion, daß es keine Gewalt gibt außer von Gott, und daß alles von Gott verordnet ist (…) Die häufigen Anspielungen von *De clementia* auf die Politik geben ihm Gelegenheit, sich zum Verfechter einer rechtmäßigen und durch sittliche Rücksichten gemäßigten Königsgewalt zu machen. (…) In (Calvins, K. H.) Verteidigung der traditionellen These, daß ein König auf gesetzmäßige Weise an die Macht kommt und sich für das öffentliche Wohl einsetzt, während ein Tyrann entweder ein Usurpator oder ein Feind des öffentlichen Wohls ist, zeigt sich der ehemalige Schüler Pierre de l'Éstoiles."[121] Zwar steht der Souverän streng genommen über dem Gesetz, weil er das Gesetz verkörpert *(lex animata),* aber der Souverän muss sich an den Maßstäben der Gerechtigkeit und Gleichheit orientieren.

Dass die Macht von Gott kommt, besagt: Die Souveränität der Herrscher ist eine geliehene Macht. Und das Entscheidende ist: Diese Macht muss so verfasst sein, dass sie transparent ist für das Von-woher der Macht. Wie im letzten Kapitel gezeigt, bot die Rede von der *Heimarmene* Gelegenheit, den Herrscher auf Demut und Milde einzuschwören.

In Calvins *Institutio* kehrt an entscheidender Stelle die Rede von der Milde zurück, allerdings mit einer denkwürdigen Verschiebung. Zunächst: Calvin geht es um die Reinheit des Glaubens, deshalb muss der Staat so verfasst sein, dass die Christen ihren Glauben angstfrei leben können. Damit ist zweierlei gesagt: Staatliche Regenten dürfen dem Regiment Gottes nicht widerstehen[122], müssen Diener, Werkzeuge, Abgesandte oder auch Statthalter[123] Gottes sein: „Kurzum, wenn sie daran denken, daß sie Gottes Statthalter sind, dann müssen sie auch mit allem Eifer, aller Gründlichkeit und allem Fleiß darüber wachen, daß sie den Menschen an ihrer Person gewissermaßen ein Bild (imago) der göttlichen Vorsehung und Wacht, Güte, Freundlichkeit und Gerechtigkeit vor Augen stellen."[124] Zweitens gilt: Staatliche Regenten sind aber von Gott auch als ordnendes Element, als Wohltat, eingesetzt, Christen dürfen also nicht den Staat an sich verwerfen. Auch hier schärft Calvin ein, dass „alles aus der Autorität Gottes heraus geschieht!"[125]

Für Calvin können alle drei von Platon und Aristoteles überlieferten Regierungsformen – Monarchie, Aristokratie und Demokratie – verkommen. Sie verkommen genau dann, wenn die Einsetzung der politischen Macht vergessen und das Leben für die Bürger eine in jeder Hinsicht unerträgliche Zumutung wird.

Nun könnte man vermuten, dass der reife Calvin mit Blick auf seine Anfänge für Seneca als Anhänger monarchischer Macht Partei ergreift. Die Vermutung trügt. Offenbar hat er die staatlichen Übergriffe königlicher Macht leidvoll erfahren und warnt deshalb vor jeder übertriebenen Machtkonzentration. Streng genommen gilt auch hier: Könige sind Menschen; und als Menschen sind sie Sünder und immer korrumpierbar, deshalb betont Calvin: „So bringt es also die Gebrechlichkeit und Mangelhaftigkeit der Menschen mit sich, daß es sicherer und erträglicher ist, wenn mehrere das Steuerruder halten, so daß sie also einander gegenseitig beistehen, sich gegenseitig belehren und ermahnen, und wenn sich einer mehr als billig erhebt, mehrere Aufseher und Meister da sind, um seine Willkür im Zaume zu halten."[126]

Eine lupenreine demokratische Regierungsform hat Calvin dennoch abgelehnt, weil er, eine Erbschaft früher Studien, den Vielen *(hoi polloi)* gegenüber eine gewisse Reserve besaß, die sich offenbar auch in seiner Zeit in Genf nicht vollständig auflöste. Vielmehr will Calvin, wie er es auch in seiner Kirchenordnung angelegt hat, die Besten ihrem Charisma gemäß in der Lenkung des Staates eingebunden wissen, allerdings sollen auch die Besten ihre Legitimation vom Volk erhalten. Ihm schwebt also eine repräsentative Demokratie mit deutlich aristokratischem Anstrich vor.

Um Instrumente gegen die Korrumpierbarkeit einer Staatsform in die Hand zu bekommen, differenziert Calvin, auch hier ein typischer Vertreter der zweiten Generation der Reformatoren, zwischen dem Magistrat, den bürgerlichen Gesetzen und dem Volk. Luther hatte Obrigkeit und Gesetz noch nahezu identifiziert[127], auch der junge Calvin der Seneca-Phase tendierte in diese Richtung, der späte Calvin drängt auf eine inhaltliche Bestimmung der Gesetze, die grundsätzlich korrigierbar sein müssen. Inhaltlich sollen sie, hier regt sich ein alttestamentlich aufgelesener Grundsatz, den Fremden, Witwen und Waisen menschliche Lebensräume garantieren. Dazu bedarf es fraglos staatlicher Macht und Gewalt. Diese Gewalt, die für die Umsetzung der Gesetze notwendig ist, muss allerdings, wie Calvin einschärft, nicht von „Härte" (asperitas), sondern von *Milde* (clementia) geprägt sein. Hier also finden die Überlegungen der Frühschrift zu Senecas Schrift *Über die Milde* ihren neuen Sitz!

Und unterschwellig dürfte es auch die Geschichte Neros gewesen sein, die Calvin bewogen hat, ein Widerstandsrecht gegen unzuträgliche staatliche Macht in seiner *Institutio* aufzunehmen. Selbstredend: Calvin hat bei diesem, gleichsam nur nebenbei erwähnten Recht immer die Souveränität Gottes im Blick, der einsetzt und absetzt. Von dort her rechtfertigt sich mögliches Einschreiten, sofern denn die dazu Berechtigten diesen Schritt einleiten. Die „untergeordneten politischen Behörden (...) haben das Recht, gegen das ‚maßlose Wüten und Schinden der kleinen Leute' einzuschreiten. Ja, sie haben die Pflicht dazu. (...) Es konnte nicht einfach jeder aktiv werden, damit im Aufstand gegen das unerträgliche Regiment das Recht gewahrt bleibe. Das bedeutete indes nicht, dass sie passiv bleiben dürften. Sie haben den ungerechten Befehlen eines ungerechten Regiments den Gehorsam zu verweigern, koste es, was es wolle. Es lässt sich behaupten, dass die Bejahung eines Widerstandsrechts gegen einen Unrechtsstaat erst in dieser von Calvin vertretenen Zurückhaltung zur Quelle der modernen Demokratie wurde."[128]

Kirchenleitung als repräsentative Demokratie

In den Kirchenordnungen, die Calvin verfasst hat, klingt nach, was er seit seiner Kommentierung von *De clementia* an Erfahrungen im Gemeindeleben gesammelt hat. Durchaus konsequent dreht sich im vierten Buch der *Institutio* beinahe alles um die Erscheinungsform der sichtbaren Kirche. Nur knapp ein Zehntel des Textes beschäftigt sich mit der Regierung: *De politica administratione – ad ministratione,* das heißt einerseits Regierung, meint wörtlich übersetzt aber auch Zudienung oder Hilfestellung. Recht verstanden geht es um Beihilfen, „mit denen Gott uns zur Gemeinde Christi einlädt und in ihr erhält". So der Titel des vierten Buches.

Auch Calvins Überlegungen zur Gestalt der Kirche sind typisch für diesen Reformator der zweiten Generation. Calvin sieht die Gefahren, die sich einstellen, wenn der evangelische Glaube zu einem Staatskirchentum verkommt und sich mit Machtansprüchen der Obrigkeit auseinandersetzen muss. Deshalb wird er Einschätzungen Zwinglis und Luthers gegenüber zunehmend kritisch, die davon ausgegangen waren, dass die sichtbare Kirche sich ihre Ordnung von der Obrigkeit vorgeben lassen dürfe. Zudem hat die Erfahrung der hugenottischen Kirche, die sich gegen staatliche Beschränkung organisieren musste, Calvin gezeigt, dass eine Kirche gut beraten ist, sich ihre Ordnung selbst zu geben. Mit diesem neuen Zuordnungsmodell setzt Calvin fraglos eine Bewegung in Gang, die letztlich, gegen Calvins Intention, zu einer Trennung von Kirche und weltanschaulich neutralem Staat führen wird.[129]

Die Satzungen, die sich die Kirche gibt, orientieren sich an der Souveränität Gottes und werden, das versteht sich von selbst, von Calvin streng biblisch begründet. Nach Calvin sind diese Satzungen allerdings menschliche Satzungen und müssen sich den aktuellen Situationen der Kirche jeweils anpassen. Angemessen ist eine Ordnung dann, wenn sie die Autorität Gottes abbildet und damit erlaubt, die Wohltaten, die Gott den Menschen gewährt hat, sich einander gegenseitig mitzuteilen[130]. Christliche Freiheit im Raum der Kirche ist eine Freiheit brüderlich liebender Zuneigung. Deshalb gibt es nach Calvins Vorstellung auch keine einseitige Machtaufgipfelung. Einzig Christus ist das Haupt der Kirche[131]. Alle Kirchenleiter sind letztlich nur Diener Christi. Und wie in der politischen Macht soll die Leitung auf mehrere Schultern in einem Kollegium verteilt werden. Um diese Idee umzusetzen, hilft die christologische „Drei-Ämter-Lehre" als Strukturierungsprinzip: Verkündigung und Unterricht beziehen sich auf das prophetische Amt, das kirchenleitende Amt der Ältesten entspricht dem königlichen Amt, die diakonische Armenpflege versteht sich als Anwendung des priesterlichen Amts. Gemeindemitglieder, die in keinem leitenden Amt stehen, haben durch ihren Glauben an allen drei Ämtern Anteil. Die besten Köpfe sollen ihren Charismen entsprechend die Ämter ausfüllen. „Die formelle Aristokratie der Gemeindeleitung ist somit (…) als Korrelat der Autokratie Christi eine repräsentative Demokratie. Es lässt sich fragen, ob die zur modernen Demokratie gehörende Gewaltenteilung – Legislative, Exekutive, Judikative – in dem dreifachen Amt der Gemeindeleitung in der auf Calvin zurückgehenden reformierten Tradition ihren Vorläufer hat."[132]

Ein Zweites, auch das zeigt Busch, kommt hinzu: Jede einzelne Gemeinde, in der „Gottes Wort lauter gepredigt und gehört wird und die Sakramente nach der Einsetzung Christi verwaltet werden"[133], ist eine wahre Kirche. Jede einzelne Gemeinde hat „mit vollem Recht den Namen und die Autorität der Kirche inne"[134]. Es gibt keine Vorherrschaft einer einzelnen Kirche, sondern übergemeindliche Beschlüsse werden auf Synoden, in die Vertreter der Ortsgemeinde entsandt werden, mehrheitlich gefasst. Dieses synodale System, gleichsam eine (religiöse) Keimzelle jeder parlamentarischen Einrichtung, verhindert auch die Entwicklung von Machtzentren, die in der Lage wären, einen Zwang auf die einzelnen Gemeinden auszuüben. Wohl nicht zufällig hat es ein alle reformierte Kirchen umfassendes Bekenntnis nie gegeben.

Der gläserne Gläubige

„Wenn keine Gemeinschaft, ja, kein Haus, in dem auch noch so wenige Hausgenossen miteinander leben, ohne Zucht im rechten Stande erhalten werden kann, so ist solche Zucht noch viel notwendiger in der Kirche, deren Zustand doch gebührenderweise so geordnet sein muß, wie nur eben möglich. Wie also die heilbringende Lehre Christi die Seele der Kirche ist, so steht die Zucht in der Kirche an der Stelle der Sehnen: sie bewirkt, daß die Glieder des Leibes, jedes an seinem Platz, miteinander verbunden leben."[135]

Eine starke organologische Metapher. Ohne die Kirchenzucht ist die Kirche nicht bewegungsfähig. (Calvin scheut sich nicht, im gleichen Atemzug Metaphern aus der Reitersprache zu benutzen, spricht von Zügel, Sporn und Rute.) Man darf also den Stellenwert der Kirchenzucht nicht unterschätzen. Sie kennt drei Stufen: die persönliche Ermahnung, die Vorladung vor das Gremium der Ältesten und schließlich, als härteste Konsequenz, den Ausschluss aus der Gemeinde.

Calvin unterscheidet zwischen verborgenen und öffentlichen Sünden. Auch hier gibt Calvin eine biblische Begründung: „Wenn dein Bruder sündigt, dann geh zu ihm und weise ihn unter vier Augen zurecht. Hört er auf dich, so hast du deinen Bruder zurückgewonnen. Hört er aber nicht auf dich, dann nimm einen oder zwei Männer mit, denn jede Sache muß durch die Aussage von zwei oder drei Zeugen entschieden werden. Hört er auch auf sie nicht, dann sag es der Gemeinde. Hört er aber auch auf die Gemeinde nicht, dann sei er für dich wie ein Heide oder ein Zöllner. Amen, ich sage euch: Alles, was ihr auf Erden binden werdet, das wird auch im Himmel gebunden sein, und alles, was ihr auf Erden lösen werdet, das wird auch im Himmel gelöst sein."[136] Öffentlich ruchbar gewordene Sünden müssen nach Calvin im Rekurs auf 1 Tim 5,20 auch öffentlich zurechtgewiesen werden. Bei geringen Vergehen reichen Ermahnungen, bei Verbrechen oder Schandtaten müssen drakonische Strafen verhängt werden.

Calvin benennt einen dreifachen Zweck der Kirchenzucht. Der erste und zentrale Zweck ist es, die Autorität Gottes, die durch einen schlechten Lebenswandel untergraben wird, zu sichern. Und da das Abendmahl der ausgezeichnete Ort ist, an dem sich Gott in seiner Herrlichkeit zeigt, muss an dieser Stelle Sorge dafür getragen werden, dass es hier, wie Calvin sagt, nicht zu einer Schändigung des Heiligen kommt: „Denn es ist sehr wahr: wenn einer, dem die Austeilung des Abendmahls anvertraut ist, mit Wissen und Willen einen Unwürdigen zugelassen hat, den er mit Recht hätte zurückweisen können, so macht er sich genau so der Schändigung des Heiligen schuldig, als wenn er den Leib des Herrn den Hunden vorgeworfen hätte."[137] Der Ausschluss vom Abendmahl schützt die anderen Gemeindemitglieder zudem davor, den Verlockungen eines Abfalls vom Glauben zu erliegen. Und schließlich ist der Ausschluss für diejenigen, die davon betroffen werden, ein allerletztes Signal, sich zu ändern, um erneut Aufnahme in die Gemeinschaft der Gläubigen zu finden.

Nun wird man vielleicht einwenden, dass es verborgene Sünden gibt, die auch im kleinen Kreis nicht ruchbar werden und somit der Strafe entgehen. Calvin sieht durchaus dieses Element und nennt es Heuchelei. Grundsätzlich ist die Heuchelei dem „Urteil der Kirche" entzogen[138], allerdings hat Calvin an anderer Stelle alles getan, um diese Heuchelei zu brandmarken. Sein Streit gegen die Nikodemiten ist auch ein Streit gegen jede Form religiöser Heuchelei. Calvin darf also davon ausgehen, dass dieser Streit in der Gemeinde bekannt, diskutiert und akzeptiert worden ist. Der gläserne Gläubige wird zwar am Rande von der Heuchelei verschattet, aber die Gefahr ist benannt und damit auch ein Stück weit gebannt.

Auch in den berühmten Seiten der *Institutio,* die über die Kirchenzucht handeln, taucht an entscheidender Stelle erneut der Begriff der *Milde* auf. Nachdem Calvin eingeschärft hat, dass die Kirchenzucht für alle Mitglieder gelte, plädiert er trotz aller Strenge für Milde. „Doch dürfen wir es nicht übergehen, daß der Kirche eine solche Strenge geziemt, die sich mit dem Geiste der Milde verbindet. Denn wir müssen uns, wie es Paulus gebietet, allezeit fleißig davor hüten, daß der, gegen den man mit Strafe vorgeht, ‚in allzu große Traurigkeit versinke' (2 Kor 2,7). Denn wenn das geschähe, so würde aus der Arznei das Verderben werden."[139] Und Calvin schärft weiter ein: „Wie aber im ganzen Leibe der Kirche eine solche Sanftmut erforderlich ist, daß sie die Gefallenen mit Milde und nicht bis zur äußersten Strenge straft, sondern lieber nach der Weisung des Paulus ihre Liebe gegen sie bekräftigt (2 Kor 2,8), so muß sich auch jeder einzelne für sich allein dieser Milde und Freundlichkeit einfügen."[140] Nur dann vermittelt „der ganze Gang der Handlung (…) jenen gemessenen Ernst, bei dem man die Gegenwart Christi spürt, damit es keinem Zweifel unterliegt, daß er selbst bei seinem Gericht die Leitung ausübt."[141]

Milde also. Oder: In Barmherzigkeit strafen. Mit diesen Prädikaten unterscheidet sich Calvin auch von einem Kirchenverständnis der Wiedertäufer, die als Kirche nur gelten lassen, wenn in jeder Hinsicht „eine engelhafte Vollkommenheit"[142] herrscht. Ziel Calvins ist nicht eine moralisch makellose Kirche. Calvin weiß sehr genau um die Gebrechlichkeit des Menschen. Deshalb intendiert er, ein vom Gedanken der brüderlichen Zuneigung getragenes Gemeindeleben zu institutionalisieren.

Calvins demokratische Spätwirkung

Noch immer ist in der Forschung nicht vollständig durchgefochten, wie stark Calvins Denken demokratische Prozesse angeschoben hat, weil die Betonung der Souveränität Gottes eine demokratische Lebensform prima facie auszuschließen scheint. Bei näherem Hinsehen zeigt sich: Das Gegenteil ist der Fall. Wer die Souveränität Gottes wirklich hochhalten will, muss grundsätzlich Strukturen favorisieren, die nicht dazu tendieren, in eine Konkurrenzsituation zum monarchischen Gottesverständnis zu treten. Eine Gewaltenteilung, wie sie Calvin favorisiert hat, stützt geradezu die Autorität Gottes. (Aristokratische Einfärbungen, also die Kultur der Begabtesten und Besten, müssen übrigens kein Fehler sein.)

Mir scheint zudem die Idee der Kirchenzucht als Instrument der Durchsetzung von Transparenz eine starke Affinität zur demokratischen Lebensform aufzuweisen. Zugegeben: Diese geforderte Transparenz kann zu einem Terrorregime der Gewissensprüfung ausarten, aber Calvin hat sie stets im

Kontext liebend-brüderlicher Zuneigung gedeutet und *Milde* als mentale Haltung verordnet. Damit wird der Kirchenzucht der Schrecken genommen.

Dieser Gedanke der Transparenz lässt sich umstandslos auf die demokratische Zivilgesellschaft übertragen. Die Demokratie lebt von der Transparenz ihrer Handlungen. Und auch deren Agenten müssen ihre Motive und Abhängigkeiten offenlegen. Der Ruf nach einem gläsernen Abgeordneten ist in Deutschland 2007 teilweise Wirklichkeit geworden.

Grundsätzlich unterliegen auch jene Institutionen in einer Demokratie, die nicht offen agieren, wie etwa die Verfassungsschutzorganisationen, einer staatlichen Kontrolle. Und selbstredend kennt die Demokratie ein Instrument, um Verstöße gegen den demokratischen Code offenzulegen und Konsequenzen zu fordern. Jeder parlamentarische Untersuchungsausschuss ist ein Instrument zur Transparenzgewinnung. Und der investigative Journalismus, der bei Calvin noch nicht im Blick sein konnte, ist – richtig angewandt – ein Mittel zur Demokratiezucht.

Politiker stehen damit unter einem enormen Transparenzdruck. Generationen von Pastoren sind an diesem Ideal der Transparenz gescheitert. Zunehmend übernehmen Politiker diese anstrengende Aufgabe, ihr Leben transparent zu führen. Einige ganz offensiv. Auch hinsichtlich ihrer Affären. Der französische Präsident Sarkozy etwa. Die Bürger der französischen Republik erwarten allerdings von einem Präsidenten etwas anderes: Vorbildlich ironisch fasst diese Erwartung Nils Minkmar in der FAS vom 13. Januar 2008 zusammen: „Dass der Staat und sein Chef Geheimnisse haben, wird vorausgesetzt, so wie jede Familie ihr gehegtes und gepflegtes *secret de famille* hat. Das Tohuwabohu aus dem Élyséepalast, das Versprechen *absoluter Transparenz* (Hervorhebung von mir, K. H.), wirkt zunehmend bedrohlich. Die geforderte Erhabenheit des Amtes ist nicht bloß Ausdruck republikanischen Stolzes, sie entspricht einer einfachen Reziprozitätserwartung: Die Staatsspitze muss weit oben sein, damit der Bürger seine Ruhe hat."

Es ist eine feine Ironie der Geschichte, dass die demokratische Intuition der Transparenz durch den Franzosen Calvin bei einem französischen Staatspräsidenten anno 2008 Wirklichkeit wurde. In welcher Verzerrung auch immer.

Der Fruchtbare

Über linke und rechte Calvinisten

Die Balance von Schriftlehre und Erfahrung

Vorschnell bequemt man sich der liebgewonnenen Meinung an, Calvin sei trotz aller Verdienste um die Freiheit wissenschaftlicher Forschung und trotz aller demokratienahen Entwürfe seiner Kirchenordnung der Übervater vieler konservativ-orthodoxer und damit der Moderne gegenüber skeptisch eingestellter Theologen bis zur Gegenwart. Diese Meinung täuscht oder ist zumindest einseitig. Recht besehen, lassen sich nahezu alle Theologen von Rang produktiv auf Calvin beziehen. Vielleicht gebührt Calvin das gleiche Recht wie dem mächtigen deutschen Philosophen Hegel, wenn man seine Schüler als rechte und linke Calvinisten unterscheidet. Die Zuordnung zu der einen und der anderen Seite ist relativ einfach: Es geht um die urcalvinistische Korrelation von Gotteserkenntnis und Selbsterkenntnis, Schriftlehre und Erfahrung.

Die rechte Calvinschule drängt die Erfahrung zugunsten eines Nachdrucks auf die Schriftlehre zurück – in einer Phase wird die Göttlichkeit der Bibel fundamentaltheologisch begründet (Calvinistische Orthodoxie), gegen Calvins Intention die Schriftlehre zur Verbalinspirationslehre umgedeutet (reformierter Fundamentalismus), oder in einer erst kurz zurückliegenden Phase leistet eine wirkmächtige Theologie, die oft als neo-orthodox bezeichnete Theologie Karl Barths, auf den Begriff der Erfahrung vollständigen Verzicht, weil die Rede von der Souveränität Gottes zur radikalen Alterität Gottes gesteigert wird, die keinen Anknüpfungspunkt im Menschen besitze. Das Christentum ist, so die berühmt-berüchtigte und lange unreflektiert übernommene These Barths, keine Religion, sondern Zeugnis von der Selbst-Offenbarung Gottes in Jesus Christus.

Zwischen linken und rechten Calvinisten gibt es auf den ersten Blick kaum Brücken. Aber die verwandten genetischen Codes sind doch deutlich auszumachen. Der linke Calvinismus, vor allem in der Theologie Friedrich Daniel Ernst Schleiermachers und seiner Nachfolger – vorab bereits bei den englischen Calvinisten, den Puritanern –, legt im Gegenzug allen Nachdruck auf die Erfahrung, spricht vom Gefühl als Heimstätte der Religion, zeigt sich offen für wissenschaftliche Forschung und die Kunst und wendet in der „liberal" genannten Theologie nach Schleiermacher die historisch-kritische Methode konsequent auf die Erforschung der biblischen Schriften an. Aber auch die Befreiungstheologie und die Lesetheologie des 20. Jahrhunderts partizipieren – jenseits der Einordnung in rechten und linken Calvinismus – an der calvinistischen Bewegung.

Ich inventarisiere kurz die Geschichte des Calvinismus, die unterschwellig fünfhundert Jahre die protestantische Theologie geprägt hat.

Der rechte Calvinismus

Bereits der erste Nachfolger Calvins, *Theodor Beza,* reibt sich in Abgrenzungsdebatten auf, versteinert das sehr elegante, rhetorisch geprägte Denken Calvins. Seinem Naturell nach war Beza ein blitzgescheiter Argumentierer, der – wie in der mittelalterlichen Scholastik – das logische Besteck der Aristoteliker einsetzte, um sich gegen Angriffe von außen und innen zu immunisieren. Die lehrbuchmäßige Versteinerung zieht auch Verschiebungen im logischen Aufbau der Calvin'schen Theologie nach sich. Die Prädestinationslehre wird aus ihrem ursprünglichen Sitz eines Tröstungsangebots für die verunsicherten Gläubigen entfernt und zentral positioniert – durchaus mit logischen Argumenten –, denn die *Doppelte Prädestination* hebt darauf ab, die Wahl sei bereits *vor* Anbeginn der Welt geschehen. Und Calvins reformatorischer Instinkt, alles biblisch zu begründen, wird zu einem grundsätzlichen Beweis eines göttlichen Ursprungs der Schrift hochgereizt. Damit aber wird bereits frühzeitig eine Pointe der Theologie Calvins, die Verschränkung von Gotteserkenntnis und Selbsterkenntnis durch Lektüre, aufgegeben. Festgeschrieben wird diese calvinistische Orthodoxie auf der Dordrechter Synode 1618.

Anlass für diese Kodifizierung ist, wie nahezu immer in religiösen Bewegungen, eine Abgrenzung von Kritikern, diesmal aus den eigenen Reihen. *Jacobus Arminius* (1560–1609), gelernter Pastor, wiederholte ein bereits frühzeitig gegen Calvins Prädestinationslehre ins Feld geführtes Argument: die unterschlagene Freiheit des Menschen führe zu moralischem Phlegma. Arminius glaubt Gott von dem seit Bolsec geläufigen Einwand, Gott sei der Urheber der Sünde, nur freisprechen zu können, wenn die Menschen die Freiheit besäßen, Gottes Gnade abzulehnen. Die Orthodoxen wärmen im Gegenzug ihr Argument auf, wer die Souveränität Gottes verteidigen wolle, der müsse die These stark machen, Gott habe *zuerst* jene Menschen verworfen, die seine Gnade ablehnen.

Noch an anderer Stelle im System stützt man die These der *Doppelten Prädestination.* Auf der Dordrechter Synode wird festgelegt, es gebe nur eine *begrenzte Sühne,* weil Christus *nur* für die Erwählten gestorben sei. Damit ist es endgültig entschieden: Die (erwählten) Menschen haben keine Freiheit, sich gegen Gottes Gnade zu entscheiden.

Noch einmal konservativ überspitzt wird der Calvinismus in der Theologie der calvinistischen Evangelikalen, berühmt geworden als „Princeton-Theologie" durch Autoren wie *Charles Hodge* (1797–1878), *A. A. Hodge* (1823–1886) und *Benjamin Warfield* (1851–1921). Die Vertreter der Princeton-Theologie lehren mit einer gewissen Ignoranz die Verbalinspiration der Bibel, behaupten also, jedes Wort der Bibel sei den Evangelisten wörtlich in die Feder diktiert worden und unumstößlich wahr. (Wie gesagt: Calvin, der große Philologe, hat von einer Verbalinspiration nie geredet.) An der Princeton-Theologie kann man sehr leicht studieren, welche Ängste hier therapiert werden. Die Entdeckung der historisch-kritischen Bibelwissenschaft droht die Autorität der Bibel zu untergraben; die

Evolutionstheorien von Charles Darwin verunsichern in jenen Jahren zunehmend die Menschen (und Theologen), die es bisher gewohnt waren, im Kontext der Schöpfungserzählung die Welt zu deuten; und politische Utopien wie Sozialismus und Kommunismus scheinen sich mit dem biblischen Wertekanon nicht zu vertragen.

Besonders wirkmächtig war und ist diese konservative Variante des Calvinismus in den Niederlanden. In der Figur von Abraham Kuijper bekommt der Calvinismus noch einmal eine neue Wendung. Kuijper, viele Jahre Vorsitzender der konservativen Antirevolutionären Partei, von 1901–1905 Ministerpräsident der Niederlande, ist einer der wichtigsten Theologen des frühen zwanzigsten Jahrhunderts. Seiner als Neu-Calvinismus bezeichneten Theologie geht es darum, den verkrusteten Calvinismus für die Gegenwart fit zu machen. Das führt ihn zu scharfen Auseinandersetzungen mit der modernen Universitätstheologie jener Jahre und in letzter Konsequenz zur Gründung einer vom Staat unabhängigen Universität (Vrije Universiteit van Amsterdam) und zur Abspaltung von der Volkskirche, der Hervormde Kerk (Reformierte Kirche). Die von Kuijper gegründete Kirche nennt sich künftig Gereformeerde Kerk (Altreformierte Kirche).

In einer vielbändigen Auslegung des Heidelberger Katechismus (E voto Dordraceno, 1892–1895) und vor allem in seinem theologischen Hauptwerk *De gemene gratie* (1902: *Die allgemeine Gnade*) kommt der Prädestination zwar ein alles überragender Stellenwert zu, aber die *Doppelte Prädestination* wird aufgegeben. In der Wiedergeburt – Kuijper spricht von Palingenese – realisiert sich im Gläubigen die Prädestination. Diese Wiedergeburt ist die Vorbedingung für die wahre Gotteserkenntnis und die Entstehung einer spezifisch christlichen Kultur. Nun schränkt Kuijper allerdings die Kulturleistungen nicht auf die Taten der Wiedergeborenen ein, vielmehr behauptet er, dass sich eine allgemeine Gnade auch dort zeigt, wo sündige (also nicht wiedergeborene) Menschen auf dem Gebiet der Kultur positiv agieren. Nur dank dieser allgemeinen Gnade konnte die Menschheit nach dem Sündenfall überhaupt geordnet weiterleben. In seinem langen Essay *De gemene gratie in wetenschap en kunst*[143] zeigt Kuijper, wie die allgemeine Gnade auf die besondere Gnade vorbereitet. Zielpunkt ist eine christianisierte Kultur, in der die allgemeine und besondere Gnade zusammenwirken. Trotz einer übergroßen Nähe zur Princeton-Theologie – Kuijper lehnt die historisch-kritische Bibelwissenschaft ebenso ab wie die Evolutionstheorie – sind diese gesellschaftspolitischen und kulturpolitischen Anschauungen neu.

Offenbar war diese neucalvinistische Theologie auch für einen der größten Künstler des zwanzigsten Jahrhunderts extrem anziehend. Späte Texte Piet Mondrians, meistens in der von ihm mitbegründeten Zeitschrift „De Stijl" veröffentlicht, weisen eine frappante Verwandtschaft mit den einschlägigen Texten Kuijpers auf. Kunst ist für Mondrian wie für Kuijper Vorschein einer idealen Welt. Als *Konstrukteur des Universalen* will er den Bildern die Macht zusprechen, den Menschen von der alten, sündigen Welt zu erlösen. In theoretischen Texten hat er zu erkennen gegeben, wie das ‚neue Leben' aussehen soll. Familie und Freundschaft – die humanistischen Elementargemeinschaften (!) – will Mondrian hinter sich lassen, weil er eine tiefere Verwandtschaft, eine tiefere und reinere „Relation" zwischen den Menschen zu entdecken glaubt. Vom Betrachter seiner Bilder verlangt er eine Geste mystischer Versenkung, um diese reinen Relationen einzuüben.[144] Der Kunsthistoriker Werner Hofmann hat in einer spannenden Analyse sogar zeigen können, dass die späten New Yorker Bilder von Piet Mondrian als Stadtpläne des künftigen Neuen Jerusalems gelesen werden müssen.[145]

Noch einmal wirkmächtig reformiert wird die Theologie Calvins in der Theologie *Karl Barths* (1886–1968). Barth setzt zunächst sehr pointiert bei Calvin (und auch bei Kierkegaard) ein: Die Souveränität Gottes impliziert eine totale Andersheit Gottes. Gott ist der ganz Andere. Als *totaliter aliter* gibt es aber keine Anknüpfungspunkte beim Menschen, um diesen Gott zu verstehen. Es war also ein Irrtum Calvins (und der linken Calvinisten), Gotteserkenntnis und Selbsterkenntnis über

Erfahrung vermitteln zu wollen. Es kommt deshalb alles auf die Selbstoffenbarung Gottes in Jesus Christus an. Von einer Verbalinspiration zu reden macht selbstredend keinen Sinn, weil die Sprache als menschliche Sprache keinen Zugang zum ganz Anderen erlaubt, sie verweist nur auf das fleischgewordene Wort in Jesus Christus.[146] Nur konsequent, wenn Karl Barth Calvins Kapitel über die natürliche Gotteserkenntnis sehr grundsätzlich verwirft.

Der große Korrektor Karl Barth baut Calvin auch an einer anderen Stelle um. Offenbar habe Calvin die christologische Pointe der Bibel übersehen. Christus selbst sei der prädestinierende Gott, der die Verwerfung in seinem Leben und Sterben austrage und damit als gnädiger Gott erkennbar werde. In Christus also, so die Korrektur, ist die ganze Menschheit erwählt. Gott ist ein gnädiger Gott. Punctum saliens.

Viele Jahrzehnte hat Karl Barth die theologische Diskussion dominiert. Anhänger fand er viele. In Amerika etablierte sich noch zu Lebzeiten Barths eine sogenannte „Neo-Orthodoxie", prominent vertreten von *Reinhold Niebuhr* (1892–1971) und *H.Richard Niebuhr* (1894–1963). Vor allem der jüngere Niebuhr schafft eine Synthese von linkem und rechtem Calvinismus, weil er die menschliche Erfahrung und die menschlichen Gefühle gegen Barth stärker betont.

Die Münchner Theologen *Trutz Rendtorff* und *Falk Wagner* unternehmen in den siebziger Jahren den Versuch, Karl Barth nicht als neo-orthodoxen und antimodernen Denker zu rezipieren, vielmehr sei diese Theologie Ausdruck des *neuzeitlichen* Christentums.[147] Beide Theologen behaupten, Karl Barth habe den neuzeitspezifischen Begriff der Autonomie in Gott verlegt. Aus der Rede von der „radikalen Autonomie Gottes" hat vor allem Falk Wagner extreme Konsequenzen gezogen: Diese radikale Autonomie Gottes bedeutet, dass man dem Menschen Autonomie absprechen müsse, der Mensch drohe vielmehr, weil Gott eine andere Freiheit nicht zulassen könne, erdrückt zu werden. Milde verstörend wirkt dieser Ansatz, weil Wagner mit einem aus dem Nationalsozialismus bekannten Begriff von „theologischer Gleichschaltung" spricht.[148] Obwohl

Wagner Johannes Calvin in seiner Interpretation Barths nicht ins Visier nimmt, reformuliert er gleichwohl die Calvin'sche These der Souveränität Gottes im neuzeitlichen (subjektivitätstheoretischen) Theoriedesign als Gewaltherrschaft. Mit desaströsen Konsequenzen für die Freiheit der Menschen. Mit dieser These wird auch die Rolle Karl Barths in der Bekennenden Kirche relativiert: Die reformierten Theologen waren nicht anfällig für die Gewaltherrschaft der Nazis, weil sie immer schon auf eine andere, theologisch begründete Gewaltherrschaft verpflichtet waren. Man kann dieser scharfsinnigen und auch scharfzüngigen Deutung Konsequenz nicht absprechen. Will man Falk Wagners Barth-Deutung angemessen interpretieren, dann muss man sagen: Er zeigt uns Karl Barths Theologie als neuzeitliche Version der vormodernen Gotteslehre Calvins. Die Probleme sind – leider – identisch.

Der linke Calvinismus

Der linke Calvinismus versucht in unterschiedlichen Varianten, die Verknüpfung von Schriftlehre und Erfahrung ernst zu nehmen. Da ist zunächst *Schleiermacher* (1768 – 1834). Er, heute im Gedächtnis als kongenialer Übersetzer Platons präsent, entstammt einem frommen Elternhaus mit Herrnhuter Prägung. Er selbst hat später immer wieder seine Nähe zu Calvin betont. Die Einflüsse sind leicht erkennbar. Er betont – für die neuzeitliche Theologie eher ungewöhnlich – die Vorsehung, definiert sogar die Religion als *Gefühl schlechthinniger Abhängigkeit* von Gott. Die Rede von einer *Doppelten Prädestination* hat er allerdings mit den Argumenten verworfen, Gottes Ratschluss sei einheitlich sowie unteilbar und in Christus habe Gott zudem die allgemeine Menschennatur angenommen und sei nicht nur ein einzelner Mensch gewesen. Der Schleiermacher-Schüler Alexander Schweizer hat jedoch gegen Schleiermacher eingewandt, dass die Rede von der schlechthinnigen Abhängigkeit den Gedanken der *Doppelten Prädestination* erzwinge. Dieses Gegenargument ist durchaus schlüssig, weil es nur gleichsam von unten die These der Souveränität Gottes neuzeitspezifisch wiederholt!

Es wäre eine spannende Frage zu klären, wie der Platon-Übersetzer Schleiermacher und der gelernte Humanist Calvin über die Liebe zur Antike miteinander verbunden sind. Wohl nicht zufällig hat Schleiermacher als Mitbegründer neuzeitlicher Hermeneutik, der Lehre vom Verstehen, die Philologie revolutioniert. Die Schleiermacher folgende sogenannte *Liberale Theologie* hat dann sehr konsequent eine historisch-kritische Untersuchung der biblischen Schriften vorgenommen. Bei dem gelernten Philologen Calvin hätten sie durchaus auf Verständnis rechnen können.

Den Einfluss der Herrnhuter auf Schleiermacher habe ich bereits erwähnt. Unterschwellig dürfte es auch eine bisher selten eingestandene Allianz geben zwischen den englischen Calvinisten, die als Puritaner die neue Welt eroberten, und Schleiermacher. Auch die Puritaner betonen die innere Erfahrung, waren und sind, wie Elwood erinnert[149], kämpferisch – in einigen Fragen sogar kämpferischer als Calvin selbst –, sodann prägten und prägen sie als Glaubensgemeinschaft einen sozialen Stil, der die Welt verändern sollte und verändert hat. Besonders nachhaltig für das abendländische Selbstverständnis war die von den Puritanern favorisierte Idee der Menschenrechte – eine über Calvin auch auf die Stoa zurückreichende Erbschaft!

Calvin heute

Das späte zwanzigste Jahrhundert gibt die schulische Zuordnung von liberaler und neo-orthodoxer Theologie weitgehend auf. Zwei Tendenzen lassen sich ausmachen. Die feministische Theologie (Schüssler Fiorenza, Mary Daly, Moltmann-Wendel) und die Theologie der Befreiung (John W. de Gruchy, Gustavo Gutiérrez, Leonardo Boff, Hélder Camara, Dorothee Sölle) scheren sich wenig um diese Zuordnung. Sünde verbirgt sich den Befreiungstheologen und den feministischen Theologinnen zufolge in Strukturen, die ein gelingendes Leben verhindern. Theologie als Befreiungstheologie und Feministische Theologie kritisiert jene Gesellschaften, Kulturen aber auch Religionen, die die sündigen Strukturen unangetastet lassen. Es geht dabei nicht nur um die lutherische Frage, wie bekomme *ich* einen gnädigen Gott, sondern die Befreiungstheologie will nichts weniger als eine gerechte Gesellschaft, in der alle Mitglieder in Freiheit leben können. Oft spiegelt sich in diesen engagiert vorgetragenen Anklagen etwas vom prophetischen Furor Calvins wider.

Unter dem Stichwort *Gestische Theologie* will ich abschließend eine Theologie vorstellen, die die Calvin'sche Korrelation von Schriftlehre und Erfahrung neu füllt. Die „Gestische Theologie" ist zunächst eine Lesetheologie. Sie setzt die historisch-kritische Erforschung der Bibel gleichsam voraus und fragt (durchaus im stressfreien Rückgriff auf den späten Barth), wie die Gleichnisse, in denen Jesus ein literarisches Porträt hinterlassen hat, durch ihre ästhetische Feinstruktur lesenderseits eine radikal neue Weltsicht erschließen. Die Wirkweise der Gleichnisse ist nicht geheim, sondern ästhetisch entschlüsselbar. Man darf sagen: Wenn der Heilige Geist an der Verschriftung der Gleichnisse beteiligt war, dann ist seine Poetik oder Grammatik dem Verstehen nicht verschlossen.

Die Erfahrung, die in der Lektüre der Gleichnisse gemacht wird, ist streng genommen eine Körpererfahrung. Gefühle drücken sich in Gesten aus. Wer die Dramaturgie der Gleichnisse imaginativ mitspielt, leibt zentrale Gesten ein, die für das Christentum eigentümlich sind: Gesten der Zuwendung, der Tröstung, der freundschaftlichen Nähe, des engagierten Gesprächs.[150] Kunst, aber auch Wissenschaft zeigen, wie Erscheinungsformen des Christentums im Laufe der Geschichte die biblisch tradierten Gesten immer neu einspielen.[151]

Dieser Gott, der hier erfahrbar wird, ist nicht nur ein Gott, der sich, wie Calvin behauptete, der menschlichen Sprache anpasst, sondern ein Gott, der sich der Körperlichkeit des Menschen vollständig anschmiegt. Seiner Urintention nach ist die christliche Theologie eine körperfreundliche Theologie.

Erfahrung ist Körpererfahrung. Und grundsätzlich ist diese körperliche Lektüreerfahrung für alle Leser und Leserinnen offen. Es ist ein urreformatorischer Instinkt zu glauben, die zentralen Texte der Bibel, die Gleichnisse, seien so stark, dass sie, bei angemessener Hilfestellung, in ihrer erschließenden Kraft grundsätzlich jeden Leser und jede Leserin überzeugen können. Die Erwählung betrifft also alle Menschen.

Calvin für postsäkulare Zeitgenossen

Für jeden Menschen, der wie ich im Dunstkreis des engbrüstigen Calvinismus versuchte, erwachsen zu werden, ist eine späte Beschäftigung mit dem Helden dieser Lebensdeutung nicht ohne Gefahr, weil der Wundschorf die alten Verletzungen nur überdeckt. Umso erstaunter bin ich jetzt, wie nah mir diese Figur erneut gerückt ist. Sicher. Der Calvin der Ketzerverbrennung ist durch nichts zu entschuldigen. Und doch macht eine milde Grundtönung den nach außen oft kalt und schroff wirkenden Calvin immer wieder sympathisch. Und Calvin ist, sofern man ihn weiterdenkt, für die postsäkulare Gesellschaft ein Gewinn.

Reverenz. Calvins Rede von der radikalen Souveränität und Autorität Gottes wird missverständlich, wenn man den Gedanken der Erniedrigung nicht mitdenkt. Dabei scheint mir ganz entscheidend zu sein, dass Calvin diese Erniedrigung Gottes sowohl für die Menschwerdung Gottes in Jesus Christus als auch für die Anpassung an die biblische Sprache reklamiert. Hier wird man über Calvin hinausgehend genauer hinsehen müssen, denn der Christus, den Calvin präsentiert, ist ein sehr dogmatischer und kaum berührender Christus. Meiner Meinung nach sind die Gleichnisse der angemessene Ort, einen im Wortsinn berührenden Christus zu erfahren und diesem Gott seine Reverenz zu erweisen.

Interpretation. Calvins zentrale Lehre von der Anpassung (Akkomodation) Gottes an die menschliche Sprache und die Vorstellungswelt der urchristlichen Autoren erzwingt es, den biblischen Text zu deuten. Zu den elementaren Gesten des Christentums zählt deshalb das diskursive Gespräch und die Interpretation. Eine philologische Erforschung der Bibel versteht sich also von selbst. Und die behauptete Akkomodation Gottes an die menschliche Sprache, erlaubte den Calvinisten auch, biblische Schöpfungsaussagen nicht als wissenschaftliche Aussagen zu missdeuten. Das hat der wissenschaftlichen Erforschung den Boden bereitet.

Entängstigung. Nochmals: Die Lehre der *Doppelten Prädestination* hatte ursprünglich die Funktion, die Gläubigen zu entängstigen. Sie ist die konsequente Ausformulierung einer Gotteslehre, die die göttliche Freiheit und Souveränität absolut setzt. Ich habe versucht zu zeigen, wie Calvin in der Spur der Stoiker und im Versuch, über sie hinauszugehen, zu dieser Gottesvorstellung gedrängt wurde. Diese Überbietungsgeste ist gefährlich, weil Gott dann immer in der Gefahr steht, als Urheber des Bösen wahrgenommen zu werden. Entängstigend wirkt diese Lehre nur, wenn der Glaube stark und fest ist. In diesem Konzept muss die calvinistische Kirche immer eine Bekenntniskirche sein und ihre Pastoren begnadete Rhetoriker, die die Gläubigen stützen. Wohl nicht zufällig haben die Gläubigen in ihrer Unsicherheit und Verzweiflung nach anderen Indizien für ihre Erwählung gesucht. Die *Doppelte Prädestination* ist – trotz ihrer durchaus logischen Stringenz – eine Überforderung sowohl für die Gläubigen wie die Pastoren. In Zeiten der Entkirchlichung ist sie zudem seltsam *ortlos.* Können nicht auch andere Orte wie der Kinosaal oder das Theater Orte der Entängstigung sein und zu einer Erfahrung der Rettung führen, sofern man den Gedanken der *Doppelten Prädestination* zu einer Lehre von der allgemeinen Gnade umbaut?

Freiheit. Neuere Hirnforschung aber auch Philosophen von Rang machen eine Theorie wie die Calvins, die die Willensfreiheit sehr strikt hinterfragt, erneut diskussionswürdig. Zu diesem Thema werden in den nächsten Jahren noch viele kontroverse Debatten geführt werden. Theologien (und Philosophien), die im Spannungsfeld von Sünde, Gnade und Glaube angesiedelt sind, werden auch künftig mit Theologien (und

Philosophien) streiten, die für geistiges Wachstum, Aufstiegs-
möglichkeiten, Perfektibilität und Willensfreiheit stehen. Calvin hat sich, wie gesehen, gegen diese humanistische Variante
entschieden.

Transparenz. Der Begriff der Transparenz transportiert
sehr genau den nichtreligiösen Begriff, der Calvins Intuition für postsäkulare Gemüter zu übersetzen hilft. Die kirchliche Gemeinschaft im Sinne Calvins ist eine Gemeinschaft
vollständiger Transparenz. Natürlich. Die transparente Gesellschaft ist bei Calvin der Gegenentwurf zur Rede von den
geheimen Ratschlüssen Gottes. Transparenz ist in der Logik
Calvins ein notwendiger Kontrastbegriff, beschreibt das Ideal einer (kirchlichen/politischen) Gesellschaft, in der (religi-
öse/politische) Entscheidungen (und Lebensentwürfe) für alle
nachvollziehbar sind. Kirchenzucht auf der einen und die demokratischen Kontrollausschüsse auf der anderen Seite garantieren, dass das Ideal der Transparenz umgesetzt wird.

Ist also Calvin und der Calvinismus für Zeitgenossen attraktiv? Ja. Ganz entschieden.

Um aber nicht zu euphorisch zu enden, haben *Calvin und
Hobbes* das Schlusswort:

Klaas Huizing

Der Autor

Ein Reformierter voller Lebenslust

Klaas Huizing, 1958 in Nordhorn geboren, schreibt stilistisch brillante und erfolgreiche Romane. Der scharfsinnige Theologe lehrt als Professor für Systematische Theologie an der Universität Würzburg und ist Chefredakteur des Kulturmagazins „OPUS" in Saarbrücken. 2003/2004 erhielt er das Jahresstipendium im Internationalen Künstlerhaus Villa Concordia in Bamberg. Seine Romane, unter anderem „Der Buchtrinker" und der Kant-Roman „Das Ding an sich", wurden in zahlreiche Sprachen übersetzt. Seinen Roman „In Schrebers Garten" (2008) beurteilte Martin Halter in der Frankfurter Allgemeinen Zeitung als „zart und glücklich hingewundert".

„Klaas Huizing ist einer der begabtesten Erzähler unserer Zeit."
tz, München

„Ein Roman von beklemmender Eindringlichkeit"
Die NZZ über den Roman „In Schrebers Garten"

Anhang

Fußnoten. Personenregister.
Literatur

Fußnoten

[1] Inst. III, 14,18 f.

[2] Jürgen Habermas: Glauben und Wissen, Frankfurt am Main 2001; Jürgen Habermas, Josef Ratzinger: Dialektik der Säkularisierung, Freiburg 2005

[3] zitiert nach Bernard Cottret: Calvin: Eine Biographie, Stuttgart 1998, 10

[4] Ebd.

[5] Stefan Zweig: Castellio gegen Calvin oder Ein Gewissen gegen die Gewalt. Fischer Verlag: Frankfurt am Main 1933

[6] 128 f.

[7] CSA 1.2, 1994, 356, vgl. dazu Heiko A. Oberman: Zwei Reformationen: Luther und Calvin. Alte und Neue Welt, Berlin 2003, 180 f.

[8] Alister E. McGrath: Johann Calvin. Eine Biographie, Zürich 1991, 35

[9] OC, 31, 22, nach der Übersetzung von Cottret

[10] Cottret 1998, 38 f.

[11] Max Pohlenz: Stoa und Stoiker. Die Gründer. Panaitios. Poseidonios, Zürich, Stuttgart, 1964, XVI

[12] Pohlenz 1964, 146

[13] Sehr spannend zu lesen, aber leider apokryph ist der Briefwechsel zwischen Seneca und Paulus. Der Briefwechsel zwischen Seneca und Paulus, in: Wilhelm Schneemelcher (Hg.), Neutestamentliche Apokryphen. Bd. II. Apostolisches, Apokalypsen und Verwandtes, Tübingen 1964, 84–89

[14] François Wendel: Calvin. Ursprung und Entwicklung seiner Theologie, Neukirchen-Vluyn 1968, 21

[15] Luther, 2003 (Regie: Eric Till)

[16] Willem van't Spijker: Calvin. Biographie und Theologie, Göttingen 2001, 118 f.

[17] Vgl. Oberman 2003

[18] Cottret 1998, 112

[19] Cottret 1998, 88

[20] Wendel 1968, 28; ähnlich äußern sich van't Spijker 2001; McGrath 1991

[21] Paul Sprenger: Das Rätsel um die Bekehrung Calvins. Neukirchener Verlag: Neukirchen-Vluyn, 1960

[22] CSA 1.2, 1994, 417

[23] Ebd.

[24] CSA 1.2, 1994, 419

[25] OC 31, 22 ff., zitiert nach der Übersetzung von Cottret 1998, 89 f.

[26] Ebd.

[27] Cottret 1998, 93

[28] Johann Georg Hamann, Sämtliche Werke. 6 Bände. Hrsg. von Josef Nadler. 1949–1957, Reprint 1999, N II, 40

[29] Hamann, N I, 5

[30] Zu Erasmus immer noch höchst lesenswert: Johan Huizinga, Erasmus, Rowohlt, Reinbek bei Hamburg 1958

[31] CSA 1.1,1994, 51

[32] CSA 1.1, 1994, 79

[33] CO 31, 22 ff, Übersetzung nach Cottret, 1998, 90

[34] Cottret 1998, 194

[35] OC, 31, 22 ff, Übersetzung nach Cottret 1198, 90

[36] Vgl. CSA 1.2, 1994, 346 ff.

[37] Zitiert nach Cottret 1998, 173

[38] Ebd. 174

[39] Van't Spijker 2001, 168

[40] Sépulcre, Croix, Noel, Pâques, Chrétien, zitiert nach Cottret 1998, 215

[41] McGrath 1991, 35

[42] Zitiert nach Cottret 1998, 262

[43] van't Spijker 2001, 179

[44] Wendel 1968, 78

[45] Zweig 1933, 129 ff.

[46] Cottret 1998, 271

[47] Zitiert nach Cottret 1998, 309

[48] Dtn 33, 1–29

[49] Lk 22,24–37, Joh 13,31 f.

[50] Apg 20,17–35

[51] CSA 2, 1997, 291

[52] CSA 2, 1997, 301

[53] Zitiert nach Cottret 1998, 310

[54] Wendel 1988, 96

[55] Inst. I, 1.1–2

[56] Inst. I, 13.21

[57] Ebd.

[58] Inst. I, 6.2

[59] Inst. IV, 8.9

[60] Inst. I, 13.1

[61] Inst. I, 1.3

[62] Inst. I, 4.1

[63] Inst. I, 13.3

[64] Wendel 1968, 146 f.

[65] Inst. I, 16.1

[66] Inst. I, 18; Überschrift

[67] Inst. II, 7.1

[68] Inst. II, 7.12

[69] Inst. II, 13.4

[70] Wilhelm Niesel: Die Theologie Calvins, 2. Auflage, München 1957, 246 f.

[71] Inst. II, 15.2

[72] Inst. II, 15.4

[73] Inst. III, 1.1

[74] CO, 46, 953

[75] Inst. III, 2.7

[76] Inst. III, 2.1

[77] Inst. IV, 1.4

[78] Christopher Elwood: Calvin für Zwischendurch, Göttingen 2007, 120

[79] Marijn de Kroon: De eer van God en de heil van de mens. Bijdrage tot het verstaan van de Theologie van Johannes Calvijn naar zijn Institutie, Roermond 1968

[80] Erkenntnis und Ehre Gottes in: J. Marius u.a.: Reformierte Spuren, Wuppertal 2004, 103–110

[81] 108

[82] Plasger 2004, 108

[83] Gal. 3,1

[84] Plasger 2004, 110

[85] Lk 10,26

[86] De aeterna Dei praedestinatione, 1552, Von der ewigen Vorherbestimmung Gottes, übersetzt und

hg. von W. H. Neuser, Düsseldorf 1998, 15

[87] Ernst Troeltsch: Gesammelte Schriften, Bd. 1, Tübingen 1912, 615

[88] M. Geiger: Calvin, Calvinismus, Kapitalismus, in: ders. [Hg.]: Gottesreich und Menschenreich, FS E. Stähelin, Stuttgart 1969, 231–286; B. McCormack: Die Summe des Evangeliums – Die Erwählungslehre in den Theologien von Alexander Schweizer und Karl Barth, in: M. Welker/D. Willis [Hg.]: Die Zukunft der reformierten Theologie. Aufgaben – Themen – Traditionen, Neukirchen-Vluyn 1998, 541–566

[89] L. Annaeus Seneca: De clementia. Über die Güte, Lateinisch/ Deutsch, übersetzt und herausgegeben von Karl Büchner, Stuttgart 1970, 2002, 5

[90] Calvin's Commentary on Seneca's de clementia. With Introduction, Translation, and Notes by Ford Lewis Battels, André Malan Hugo, The Renaissance Society of America, Renaissance Text Series III, Leiden 1969, 28/29

[91] Max Pohlenz: Stoa und Stoiker. Die Gründer. Panaitios. Poseidonios, Zürich, Stuttgart 1950, 83. Die folgenden Zitate entstammen diesem Klassiker der Stoaforschung.

[92] 87

[93] 88

[94] 88

[95] 91

[96] 96 f.

[97] 99

[98] Inst. I, 16.8

[99] Inst. III, 23.2

[100] Von der ewigen Vorherbestimmung Gottes, 1998, 115

[101] etwa Inst. I, 17.3: Gottes Vorsehung nimmt uns die Verantwortung nicht ab.

[102] De aeterna Dei praedestinatione, Von der ewigen Vorherbestimmung Gottes, übersetzt und hg. von W. H. Neuser, Düsseldorf 1998, 4

[103] CSA 4, 94 ff.

[104] 95

[105] Eph 1,9

[106] Eph 1,4

[107] Röm 9,11

[108] Vgl. Röm 8, 28–30

[109] 115 u. ö.

[110] 141

[111] Röm 11, 33

[112] So treffend auch Eberhard Busch: Gotteserkenntnis und Menschlichkeit. Einsichten in die Theologie Johannes Calvins, 2. Auflage, Zürich 2006, 78

[113] CSA 4, 97

[114] Vgl. Arnold Angenendt: Toleranz und Gewalt. Das Christentum zwischen Bibel und Schwert, Münster 2006

[115] 1. Tim 2,4: „Gott will, dass alle Menschen gerettet werden."

[116] 105

[117] Max Weber: Die protestantische Ethik, Gütersloh 1969, 125 ff.

[118] Wilhelm Niesel: Die Theologie Calvins, 2. Aufl., München 1957

[119] Vgl. Hermann Vahle: Calvinismus und Demokratie im Spiegel der Forschung, Archiv für Reformationsgeschichte [66], 1975, 182–212; vor allem: Eberhard Busch: Gemeinschaft in Freiheit. Impulse für die demokratische Lebensform, in: Gotteserkenntnis und Menschlichkeit, 2006, 139–170

[120] Vgl. Manfred Fuhrmann: Seneca und Kaiser Nero. Eine Biographie, Frankfurt am Main 1999

[121] Wendel 1968, 16 ff.

[122] Inst. IV, 20.1 f.

[123] Inst. IV, 20.6

[124] Inst. IV, 20.6

[125] Inst. IV, 20.10

[126] Inst. IV, 20,8; Luther hat, wie Eberhard Busch zu Recht anmerkt, mit Blick auf die sündige Struktur des Menschen unnötig viel Sympathie für den monarchischen Staat gehegt. Busch 2006, 161

[127] Vgl. Busch 2006, 162

[128] Busch 2006, 166

[129] Vgl. Busch 2006, 151

[130] Inst. IV, 1.3

[131] Inst. IV, 6.9

[132] Busch 2007, 154

[133] Inst. IV, 9.1

[134] Inst. IV, 1.9

[135] Inst. IV, 12.1

[136] Matth. 18,15 f.

[137] Inst. IV, 12.5

[138] Inst. IV, 12.6

[139] Inst. IV, 12.8

[140] Inst. IV, 12.9

[141] Inst. IV, 12.7

[142] Inst. IV, 12.12

[143] deutsch: Die allgemeine Gnade in Wissenschaft und Kunst, 2002

[144] Vgl. Huizing 2007

[145] Hofmann 1983, 596

[146] Erst der späte Karl Barth kann sagen, dass in den Gleichnissen Jesu die Sprache eine Formkraft besitzt, die Zugänge zu diesem souveränen Gott erlaubt. Vgl. Klaas Huizing: Homo legens. Vom Ursprung der Theologie im Lesen, Berlin u. a. 1999

[147] Trutz Rendtorff: Theorie des Christentums. Historisch-theologische Studien zu seiner neuzeitlichen Verfassung, Gütersloh 1972, 161–181; Derselbe u. a.: Die Realisierung der Freiheit. Beiträge zur Kritik der Theologie Karl Barths, Gütersloh 1975

[148] Vgl. die harsche Kritik bei Hermann Fischer: Protestantische Theologie im 20. Jahrhundert, Stuttgart 2002, 255 ff.

[149] Elwood, 2007, 170 f.

[150] Klaas Huizing: Ästhetische Theologie, Bd. 1. Der erlesene Mensch, Stuttgart 2000

[151] Klaas Huizing: Handfestes Christentum. Eine kleine Kunstgeschichte christlicher Gesten, Gütersloh 2007

Personenregister

Alciati, Andrea . . . . 33 f., 43
Alexander der Große 11
Ameaux, Pierre . . . . 71 f.
Antigonos II. Gonatas. 119
Aristoteles 44, 120
Arminius, Jacobus 133

Bach, Johann Sebastian 100
Barth, Karl . . . . 22, 91 f., 98, 103, 117,
            131, 135 ff., 139, 149 f.
Berquin, Louis 42
Beza, Theodor . . . 76, 81, 83 f., 114, 132
Boccaccio, Giovanni 44
Boff, Leonardo 138
Bolsec, Hieronymus . . . . . 75 f., 133
Bonna, Pierre 73
Bucer, Martin . . . 44, 57, 62 f., 66 f., 76
Bullinger, Heinrich 82
Bure, Idelette de . . . . 64 f.

Calvin, Antoine 30
Calvin, Charles 30, 34, 43
Calvin, François 30
Calvin, Marie 30
Camara, Hélder 138
Capet, Hugo 28
Capito, Wolfgang. 57
Caroli, Pierre . . . . 61 f., 87, 92
Castellio, Sebastian . . . . 26, 67 f., 147
Cauvin, Gérard . . . . 29, 33 f.
Chilperich II. 28
Chrysipp . . . . 106 f.
Cop, Nicolas . . . . 44 f., 57
Coraud, Illiè 62
Cordier, Mathurin . . . . 30 f.
Coronel, Antonio 32
Cottret, Bernard . . 34, 47, 60, 80, 147 f.

Daly, Mary 138
Duchemin, Nicholas 34, 43
Duwe, Harald . . . . 19 f.

Farel, Guillaume 56, 60 ff., 75, 77, 79 f.
France, Renée de 59

Franz I. . . . . 28, 42 ff., 47
Friedrich II. von Preußen 119

Gruchy, John W. de 138
Gruet, Jacques 73
Gutiérrez, Gustavo 138

Hamann, Johann Georg . . 51 ff., 148
Hangest, Charles de 29
Hegel, Georg Wilhelm Friedrich 131
Hobbes, Thomas 12
Hodge, Archibald A. 133
Hodge, Charles 133
Hofmann, Werner 135, 150
Horaz 51, 62
Hus, Jan 32

Kant, Immanuel 51
Karl V. 28
Karl der Große 28
Kierkegaard, Søren 135
Kleanthes 105, 108
Kroon, Marijn de 99, 148
Kuijper, Abraham . . . . . . 22, 134 f

Leclerc, Jean 42
Lefèvre d'Étaples, Jacques . 44 ff., 60
l'Éstoile, Pierre de . . . . 33 f, 43, 120
Le Franc, Jeanne 30
Lombardus, Petrus 32
Loyola, Ignatius von 32
Lucianus, Martianus 57
Luther, Martin . . . 19, 25 ff., 32, 41 ff.,
           49, 59, 67, 78, 90, 98,
        115, 121, 123, 147, 150

Major, John 32
Marcourt, Antoine 46, 65
McGrath, Alister E. . . . . . . 27, 147 f.
Melanchthon, Philipp . . 63, 78, 87, 95
Minkmar, Nils 128
Moltmann-Wendel, Elisabeth . . 138
Mondrian, Piet 22, 135
Montmort, Pierre Raymond de . 30 f.

Navarra, Margarete von 44, 47
Nero 37, 43, 104, 119, 122, 150
Niebuhr, H. Richard 136
Niebuhr, Reinhold 136
Niesel, Wilhelm . . . . .96, 148 f.

Ockham, William von 32
Olevian, Kasper 81
Olivétan (Vetter Calvins) . 28, 42, 57 f.

Pauvant, Jacques 42
Perrin, Ami . . . . 72 f.
Plasger, Georg . . . . .99 f., 148
Platon 46, 88, 93, 120, 137

Rendtorff, Trutz 136, 150

Sadolet, Jacob 47, 63
Sarazin, Jacques 28
Savoyen 56, 80
Schleiermacher, Friedrich
    Daniel Ernst . . . . . .22, 132, 137 f.
Schüssler Fiorenza, Elisabeth . . 138
Seneca, Lucius Annaeus . .35 ff., 42 f.,
            104 ff., 119, 121 f., 147, 149 f.
Servet, Michael 20, 26, 36, 68,
            75 ff., 89, 92
Sölle, Dorothee 138

Spijker, Willem van't . . . . 78, 147 f.
Standonck, Jan 31
Stordeur, Jean 65
Till, Eric 41
Tillet, Louis du 45, 57, 59
Trie, Guillaume 77
Troeltsch, Ernst 103, 149
Trolliet, Jean 75

Ursin, Zacharias 81

Vallière, Jean 42

Wagner, Falk . . . . 136 f.
Warfield, Benjamin 133
Watterson, Bill 5, 12
Weber, Max 16, 104, 113,
            117, 149
Wendel, François 38, 47, 78,
            88, 147 f., 150
Westphal, Joachim 82
Wolmar, Melchior 34, 43
Wyclif, John 32

Zenon von Kition 36
Zweig, Stefan . . . . 26, 78, 147 f.
Zwingli, Ulrich . . . 19, 30, 82, 98, 123

Primärliteratur

Calvin, Jean: **Institutio Christinae Religionis.** Das ist / Underweisung inn Christlicher Religion / inn vier Büchern verfasst […]. Gedruckt durch Johann Meyer, Heidelberg 1572.

Calvin, Jean: **Unterricht in der christlichen Religion,** nach der letzten Ausgabe übersetzt und bearbeitet v. Otto Weber, 6. Auflage, Neukirchen-Vluyn: Neukirchener Verlag 1997.

Calvin, Johannes: **Calvini Opera, quae supersunt omnia,** hg. v. Johann Wilhelm Baum, Eduard Cunitz, Eduard Reuss, Corpus Reformatorum Bd. 29 – 87, Brunsvigae: C.A. Schwetschke 1863 – 1900.

Calvin, Johannes: **Calvini Opera Selecta,** hg. v. Peter Barth, Wilhelm Niesel, München: Chr. Kaiser 1929 – 1936.

Calvin, Johannes: **Johannes Calvins Auslegung der Heiligen Schrift in deutscher Übersetzung,** 4. u. 5. Band, Die Psalmen, hg. v. Karl Müller, Neukirchen Kreis Moers: Buchhandel des Erziehungsvereins 1930.

Calvin, Johannes: **Johann Calvins Lebenswerk in seinen Briefen, übersetzt von Rudolph Schwarz,** 2. Auflage, Neukirchen: Neukirchener Verlag 1961 – 1962.

Calvin, Johannes: **Calvin-Studienausgabe,** hg. v. Eberhard Busch, Alasdair Heron, Christian Link, Peter Opitz, Ernst Saxer, Hans Scholl, Neukirchen-Vluyn: Neukirchener Verlag 1994 ff. Bd. 1, Reformatorische Anfänge (1533 – 1541), Neukirchen-Vluyn 1994. Bd. 2, Gestalt und Ordnung der Kirche, Neukirchen-Vluyn 1997. Bd. 3, Reformatorische Kontroversen, Neukirchen-Vluyn 1999. Bd. 4, Reformatorische Klärungen, Neukirchen-Vluyn 2002. Bd. 5, Der Brief an die Römer. Ein Kommentar, Neukirchen-Vluyn 2005 – 2007.

Calvin, Jean: **Calvins Vorrede zur Olivétanbibel (1535),** in: ders., Calvin-Studienausgabe, Band 1.1, Neukirchen-Vluyn: Neukirchener Verlag 1994, S.27 – 57.

Calvin, Jean: **Widmungsschreiben der Institutio (1536),** in: ders., Calvin-Studienausgabe, Band 1.1, Neukirchen-Vluyn: Neukirchener Verlag 1994, S.59 – 107.

Calvin, Jean: **Artikel zur Ordnung der Kirche (1537),** in: ders., Calvin-Studienausgabe, Band 1.1, Neukirchen-Vluyn: Neukirchener Verlag 1994, S.109 – 129.

Calvin, Jean: **Genfer Katechismus und Glaubensbekenntnis (1537)**, in: ders., Calvin-Studienausgabe, Band 1.1, Neukirchen-Vluyn: Neukirchener Verlag 1994, S.131-223.

Calvin, Jean: **Gegen die Verleumdung des P. Caroli (1545)**, in: ders., Calvin-Studienausgabe, Band 1.1, Neukirchen-Vluyn: Neukirchener Verlag 1994, S. 225 – 261.

Calvin, Jean: **Zwei Schreiben (Epistolae Duae) (1537)**, in: ders., Calvin-Studienausgabe, Band 1.2, Neukirchen-Vluyn: Neukirchener Verlag 1994, S.263 – 335.

Calvin, Jean: **Antwort an Kardinal Sadolet (1539)**, in: ders., Calvin-Studienausgabe, Band 1.2, Neukirchen-Vluyn: Neukirchener Verlag, S. 337 – 429.

Calvin, Jean: **Kleiner Abendmahlstraktat (1541)**, in: ders., Calvin-Studienausgabe, Band 1.2, Neukirchen-Vluyn: Neukirchener Verlag 1994, S. 431 – 493.

Calvin, Jean: **Das Epinicio von 1541**, in: ders., Calvin-Studienausgabe, Band 1.2, Neukirchen-Vluyn: Neukirchener Verlag, S. 495 – 517.

Calvin, Jean: **Der Genfer Katechismus von 1545**, in: ders., Calvin-Studienausgabe, Band 2, Neukirchen-Vluyn: Neukirchener Verlag, S. 1 – 135.

Calvin, Jean: **Genfer Gottesdienstordnung (1542) mit ihren Nachbartexten**, in: ders., Calvin-Studienausgabe, Band 2, Neukirchen-Vluyn: Neukirchener Verlag 1997, S. 137 – 146.

Calvin, Jean: **Die Ordonnances ecclésiastiques (1541)**, in: ders., Calvin-Studienausgabe, Band 2, Neukirchen-Vluyn: Neukirchener Verlag 1997, S. 137 – 225.

Calvin Jean: **Calvins Abschiedsrede (1564)**, in: ders., Calvin-Studienausgabe, Band 2, Neukirchen-Vluyn: Neukirchener Verlag 1997, S. 281 – 303.

Calvin, Jean: **Streitschrift gegen die Artikel der Sorbonne (1544)**, in: ders., Calvin-Studienausgabe, Band 3, Neukirchen-Vluyn: Neukirchener Verlag 1999, S. 1 – 105.

Calvin, Jean: **Die Akten des Trienter Konzils (1547)**, in: ders., Calvin-Studienausgabe, Band 3, Neukirchen-Vluyn: Neukirchener Verlag 1999, S. 107 – 207.

Calvin, Jean: **Entschuldigungsschreiben an die Herren Nikodemiten (1544)**, in: ders., Calvin-Studienausgabe, Band 3, Neukirchen-Vluyn: Neukirchener Verlag 1999, S. 209 – 265.

Calvin, Jean: **Gegen die Irrtümer der Anabaptisten (1544)**, in: ders., Calvin-Studienausgabe, Band 3, Neukirchen-Vluyn: Neukirchener Verlag 1999, S. 267–367.

Calvin, Jean: **Der Consensus Tigurinus (1549)**, in: ders., Calvin-Studienausgabe, Band 4, Neukirchen-Vluyn: Neukirchener Verlag 2002, S. 1–27.

Calvin, Jean: **Bekenntnis der in Frankreich zerstreuten Kirchen (Confessio Gallicana, 1559)**, in: ders., Calvin-Studienausgabe, Band 4, Neukirchen-Vluyn: Neukirchener Verlag 2002, S. 29–77.

Calvin, Jean: **Von der ewigen Erwählung Gottes (1551)**, in: ders., Calvin-Studienausgabe, Band 4, Neukirchen-Vluyn: Neukirchener Verlag 2002, S. 79–149.

Calvin, Jean: **Die Verteidigung der »orthodoxen« Trinitätslehre gegen Servet (1554)**, in: ders., Calvin-Studienausgabe, Band 4, Neukirchen-Vluyn: Neukirchener Verlag 2002, S. 151–233.

Calvin, Jean: **Wider die Sekte der Libertiner (1545)**, in: ders., Calvin-Studienausgabe, Band 4, Neukirchen-Vluyn: Neukirchener Verlag 2002, S. 235–355.

Calvin, Jean: **Zu den Fragen und Entwürfen irgendeines Juden (ca. 1563)**, in: ders., Calvin-Studienausgabe, Band 4, Neukirchen-Vluyn: Neukirchener Verlag 2002, S. 357–405.

Calvin, Jean: **Der Brief an die Römer. Ein Kommentar (1540)**, in: ders., Calvin-Studienausgabe, Band 5.1, Neukirchen-Vluyn: Neukirchener Verlag 2005.

Calvin, Jean: **Der Brief an die Römer. Ein Kommentar (1540)**, in: ders., Calvin-Studienausgabe, Band 5.2, Neukirchen-Vluyn: Neukirchener Verlag 2007.

Calvin, Johannes: **Von der ewigen Vorherbestimmung Gottes,** hg. v. Wilhelm H. Neuser, Schriften des Archives der Evangelischen Kirche im Rheinland Nr. 18, Düsseldorf 1998.

Cop, Nicolaus: **Pariser Rektoratsrede vom 1. November 1533**, in: Calvin, Jean: Calvin-Studienausgabe, Band 1.1, Neukirchen-Vluyn: Neukirchener Verlag 1994, S. 1–25.

Literatur und Lesetipps

Barth, Karl: **Die Theologie Calvins 1922.** Vorlesung Göttingen, hg. v. Hans Scholl, Zürich: Theologischer Verlag Zürich 1993.

Battles, Ford Lewis; Hugo, André Malan (Hg.): **Calvin's Commentary on Seneca's De Clementia.** With introduction, translation and notes, Renaissance text series 3, Leiden: E. J. Brill 1969.

Beintker, Michael: **Calvins Denken in Relationen,** in: Zeitschrift für Theologie und Kirche 99 (2002), 109 – 129.

Busch, Eberhard: **Gotteserkenntnis und Menschlichkeit.** Einsichten in die Theologie Johannes Calvins, 2. Auflage, Zürich: Theologischer Verlag Zürich 2006.

Cottret, Bernard: **Calvin. Eine Biographie,** Stuttgart: Quell Verlag 1998.

Dommen, Edward; Bratt, James D. (Hg.): **John Calvin Rediscovered.** The impact of his social and economic thought, Louisville: Westminster John Knox Press 2007.

Elwood, Christopher: **Calvin für Zwischendurch,** Göttingen: Vandenhoeck & Ruprecht 2007.

Esser, Hans Helmut: **Demokratie und Kirche** (am Beispiel Calvins), in: Zeitschrift für Religionspädagogik 26 (1971), S. 319 – 333.

Faber, Eva-Maria: **Symphonie von Gott und Mensch.** Die responsorische Struktur von Vermittlung in der Theologie Johannes Calvins, Neukirchen-Vluyn: Neukirchener Verlag 1999.

Freudenberg, Matthias: **Wilhelm Niesels Calvin-Interpretation,** in: Martin Breidert; Hans-Georg Ulrichs (Hg.): Wilhelm Niesel. Theologe und Kirchenpolitiker. Emder Beiträge zum reformierten Protestantismus 7, Wuppertal: Foedus Verlag 2003, S. 75 – 98.

Gamble, Richard C.: **Articles on Calvin and Calvinism,** a fourteen-volume anthology of scholarly articles, New York: Garland Science Publishing Company 1992.

Geiger, Max: **Calvin, Calvinismus, Kapitalismus,** in: ders., Gottesreich und Menschenreich. Ernst Staehelin zum 80. Geburtstag, Basel und Stuttgart: Verlag Helbing und Lichtenhahn 1969, S. 229 – 287.

Graß, Hans: **Die Abendmahlslehre bei Luther und Calvin.** Eine kritische Untersuchung, 2. Auflage, Beiträge zur Förderung christlicher Theolo-

gie, 2. Reihe, Sammlung wissenschaftlicher Monographien 47, Gütersloh: Bertelsmann Verlag 1954.

Helm, Paul: **John Calvin's ideas,** Oxford: Oxford University Press 2006.

Hofmann, Werner: **Die Geburt der Moderne aus dem Geist der Religion,**
in: ders. (Hg.): Luther und die Folgen für die Kunst. (Katalog zur gleich-
namigen Ausstellung in der Hamburger Kunsthalle vom 11. November
1983 – 8. Januar 1984), München 1983, 23 – 71.

Jacobs, Paul: **Prädestination und Verantwortlichkeit bei Calvin,** 2. Auflage,
Neukirchen-Vluyn: Neukirchener Verlag 1968.

Klappert, Bertold: **Das Abendmahl als Verheißungs- und Bekenntniszei-
chen.** Calvins Abendmahlslehre und die Interpretation Wilhelm Niesels, in: Martin Breidert; Hans-Georg Ulrichs (Hg.): Wilhelm Niesel.
Theologe und Kirchenpolitiker, Emder Beiträge zum reformierten Protestantismus 7, Wuppertal: Foedus Verlag 2003, S. 111 – 152.

Koch, Ernst: **Das konfessionelle Zeitalter.** Katholizismus, Luthertum, Calvinismus (1563 – 1675), Leipzig: Evangelische Verlagsanstalt 2000.

Kraus, Hans-Joachim: **Die Aktualität der Theologie Calvins,** in: Michael
Welker; David Willis (Hg.): Zur Zukunft der Reformierten Theologie.
Aufgaben – Themen – Traditionen, Neukirchen-Vluyn: Neukirchener
Verlag 1998, S. 371 – 385.

Kuijper, Abraham: **De Gemeene Gratie in Wetenschap en Kunst,** in: ders.,
De Gemeene Gratie, derde deel, het practisch gedeelte, vierde onver-
anderde Druk, Kampen: Kok 1940.

Link, Christian: **Calvin und der Calvinismus.** Eine Skizze, in: Martin Heim-
bucher (Hg.): Hilfreiches Erbe? Zur Relevanz reformatorischer Theologie.
Festschrift für Hans Scholl, Bovenden: Foedus Verlag 1995, S. 97 – 119.

McCormack, Bruce L.: **Die Summe des Evangeliums** – Die Erwählungslehre
in den Theologien von Alexander Schweizer und Karl Barth, in: Michael Welker; David Willis (Hg.): Zur Zukunft der Reformierten Theologie.
Aufgaben – Themen – Traditionen, Neukirchen-Vluyn: Neukirchener
Verlag 1998, S. 541 – 566.

McGrath, Alister E.: **Johann Calvin. Eine Biographie,** Zürich: Benziger Verlag AG 1991.

Naphy, William G.: **Calvin and the Consolidation of the Genevan Reformation,** Manchester und New York: Manchester University Press 1994.

Neuser, Wilhelm H. (Hg.): **Calvinus Theologus.** Die Referate des Europä-
ischen Kongresses für Calvinforschung vom 16. bis 19. September 1974
in Amsterdam, Neukirchen-Vluyn: Neukirchener Verlag 1976.

Neuser, Wilhelm H. (Hg.): **Calvinus Ecclesiae Doctor.** Die Referate des Internationalen Kongresses für Calvinforschung vom 25. bis 28. September 1978 in Amsterdam, Kampen: Kok 1980.

Neuser, Wilhelm H. (Hg.): **Calvinus Ecclesiae Genevensis Custos.** Die Referate des Internationalen Kongresses für Calvinforschung vom 6. bis 9. September 1982 in Genf, Frankfurt am Main: Lang 1984.

Neuser, Wilhelm H. (Hg.): **Calvinus Servus Christi.** Die Referate des Internationalen Kongresses für Calvinforschung vom 25. bis 28. August 1986 in Debrecen, Budapest: Presseabteilung des Ráday-Kollegiums 1988.

Neuser, Wilhelm H. (Hg.): **Calvinus Sacrae Scripturae Professor.** Calvin As Confessor of Holy Scripture. Die Referate des internationalen Kongresses für Calvinforschung vom 20. bis 23. August in Grand Rapids, Grand Rapids: William B. Eerdman Company 1994.

Neuser, Wilhelm H.; Armstrong, Brian G. (Hg.): **Calvinus Sincerioris Religionis Vindex.** Calvin as Protector of the Purer Religion, Kirksville: Truman State University Press 1997.

Niesel, Wilhelm: **Die Theologie Calvins,** 2. überarbeitete Auflage, München: Chr. Kaiser 1938.

Oberman, Heiko Augustinus: **Zwei Reformationen.** Alte und Neue Welt, Berlin: Siedler 2003.

Opitz, Peter (Hg.): **Calvin im Kontext der Schweizer Reformation.** Historische und theologische Beiträge zur Calvinforschung, Zürich: Theologischer Verlag Zürich 2003.

Parker, T.H.L.: **John Calvin. A Biography,** Louisville und London: Westminster John Knox Press 2007.

Plasger, Georg: **Erkenntnis und Ehre Gottes.** Überlegungen zum Verhältnis von zwei zentralen Begriffen bei Johannes Calvin, in: J. Marius; J. Lange van Ravenswaay; Herman J. Selderhuis (Hg.): Reformierte Spuren. Vorträge der Vierten Emder Tagung zur Geschichte des reformatorischen Protestantismus, Wuppertal: Foedus Verlag 2004, S. 103–110.

Rendtorff, Trutz: **Theorie des Christentums.** Historisch-theologische Studien zu seiner neuzeitlichen Verfassung, Gütersloh: Gütersloher Verlagshaus Gerd Mohn 1972.

Rössler, Helmuth: **Der Calvinismus.** Versuch einer Erfassung und Würdigung seiner Grundlagen und Wirkungen, Schriften der Wittheit zu Bremen, Reihe D, Abhandlungen und Vorträge, Band 19, Heft 3, Bremen: Carl Schünemann Verlag 1951.

Schwendemann, Wilhelm: **Leib und Seele bei Calvin.** Die erkenntnistheoretische und anthropologische Funktion des platonischen Leib-Seele-Dualismus in Calvins Theologie, Arbeiten zur Theologie Band 83, Stuttgart: Calwer Verlag 1996.

Selderhuis, Herman (Hg.): **Calvinus Praeceptor Ecclesiae.** Papers of the International Congress on Calvin Research, Princeton, August 20–24 2002, Travaux d'humanisme et renaissance 388, Genf: Droz 2004.

Selderhuis, Herman (Hg.): **Gott in der Mitte.** Calvins Theologie der Psalmen, Leipzig: Evangelische Verlagsanstalt 2004.

Spijker, Willem van't (Hg.): **Calvin. Erbe und Auftrag,** Festschrift für Wilhelm Neuser zu seinem 65. Geburtstag, Kampen: Kok 1991.

Spijker, Willem van't (Hg.): **Calvin. Biographie und Theologie,** Göttingen: Vandenhoeck & Ruprecht 2001.

Sprenger, Paul: **Das Rätsel um die Bekehrung Calvins,** Neukirchen-Vluyn: Neukirchener Verlag 1960.

Strohm, Christoph: **Das Theologieverständnis bei Calvin und in der frühen reformierten Orthodoxie,** in: Zeitschrift für Theologie und Kirche 98 (2001), 310–343.

Vahle, Hermann: **Calvinismus und Demokratie im Spiegel der Forschung,** in: Archiv für Reformationsgeschichte 66 (1975), S. 182–212.

Wendel, François: **Calvin. Ursprung und Entwicklung seiner Theologie,** Neukirchen-Vluyn: Neukirchener Verlag 1968.

Werner, Ilka: **Calvin und Schleiermacher im Gespräch mit der Weltweisheit.** Das Verhältnis von christlichem Wahrheitsanspruch und allgemeinem Wahrheitsbewußtsein, Neukirchen-Vluyn: Neukirchener Verlag 1999.

Wolf, Erik: **Theologie und Sozialordnung bei Calvin,** in: Archiv für Reformationsgeschichte 42 (1951), S. 11–31.

Wolf, Hans-Heinrich: **Die Einheit des Bundes.** Das Verhältnis von Altem und Neuem Testament bei Calvin, Neukirchen-Vluyn: Neukirchener Verlag 1958.

Wüstenberg, Ralf K.: **Wachstum im Glauben?** Eine Analyse der Rede vom „Fortschreiten" in Calvins „Institutio", in: Neue Zeitschrift für systematische Theologie und Religionsphilosophie 46 (2004), 264–279.

Zweig, Stefan: **Castellio gegen Calvin oder Ein Gewissen gegen die Gewalt,** Frankfurt am Main: Fischer Verlag 1933.

Impressum

Bibliografische Information der Deutschen Nationalbibliothek.
Die Deutsche Nationalbibliothek verzeichnet diese Publikation in der Deutschen Nationalbibliografie; detaillierte bibliografische Daten sind im Internet über http://dnb.d-nb.de abrufbar.

Lektorat
Frauke Grothe, Reinhard Mawick

Korrektorat
Birgit Boelsen-Hein, Reinhold Schardt, Andrea Wicke

Gestaltung
Kristin Kamprad

Titelillustration
Rinah Lang

Bildnachweis
Seite 14, 41, 142: Calvin and Hobbes © 1987 by Bill Watterson. Dist. by Universal Press Syndicate. Reprinted with permission. All rights reserved.
Seite 20: Harald Duwe, Abendmahl (1978), © VG Bild-Kunst, Bonn 2008
Seite 25: AKG-Images (2)
Seite 28: Collection des musées de Noyon, Museé Jean Calvin
Seite 29, 68: S.H.P.F, Paris/Musée Jean Calvin, Noyon
Seite 84: Musée International de la Réforme

Druck und Bindung
DZA Druckerei zu Altenburg GmbH

© Hansisches Druck- und Verlagshaus GmbH, Frankfurt am Main 2008

Printed in Germany
ISBN 978-3-938704-67-7